高校生から見た
大学の「価値」と大学選びのメカニズム

「第1回テレメール全国一斉進学調査」報告書

株式会社 応用社会心理学研究所　　株式会社フロムページ

ナカニシヤ出版

高校生から見た大学の「価値」と大学選びのメカニズム
「第1回テレメール全国一斉進学調査」報告書

第1章　プロジェクトの概要

1-1.　新しい「大学選び」のあり方を考えるプロジェクト …………………………………………… 8
1-1-1.　「大学選び」から日本の大学の現在を捉える
1-1-2.　「価値」に基づく新しい「大学選び」へ
1-1-3.　高校生が感じる大学の「価値」を表す"指標"づくり
1-1-4.　"指標"づくりの基礎となる「大学選び」のメカニズムの把握
1-1-5.　「進路決定に関する研究」における本プロジェクトの位置づけ

1-2.　「大学選び」のメカニズムを明らかにする日本最大規模の調査を実施 ……………………… 11
1-2-1.　「第1回テレメール全国一斉進学調査」の実施概要
　　　　調査方法／回収数／質問内容
1-2-2.　回答者のプロフィール
　　　　基本属性／入学校一覧／検討校一覧

第2章　「大学選び」のプロセス

2-1.　高校生はどのような進学活動を行っているのか ……………………………………………… 18
2-1-1.　進学活動をプロセスとして捉えることの重要性
2-1-2.　プロセスにおける活動の実態を確認する
　　　　検討・受験状況／利用メディア・認知ルート／入学状況

2-2.　学校選択意思決定のプロセスモデル ………………………………………………………… 33
2-2-1.　高校生の行動を説明できる「モデル」の必要性
2-2-2.　多様化する進学活動、時期では行動を捉え切れない
2-2-3.　「大学選び」の意思決定プロセスに3つの段階がある
　　　　探索段階／評価段階／決定段階
2-2-4.　「大学選び」の意思決定プロセスに合わせて大学がすべきこと
2-2-5.　「キャリア選択」の一環としての「大学選び」
参考データ①　オープンキャンパス参加状況の地域差
参考データ②　学生の流出・流入状況

第3章　入学する大学の「価値」

3-1.　入学する大学はどのように選ばれるのか …………………………………………… 48

3-1-1.　自分にとって「価値」が高いと感じた大学に入学する

3-1-2.　人が感じる「価値」の多層構造

3-2.　高校生が大学の「価値」を感じる重要な視点 …………………………………………… 52

3-2-1.　大学の評価に直結する重要な「3つの視点」

3-2-2.　「3つの視点」の「価値」が高いと感じた大学に入学を決める

3-2-3.　個別の評価が高くても、それだけでは大学の「価値」にはならない

3-3.　高校生にとっての大学の個性とは何か …………………………………………… 62

3-3-1.　大学が持つ資源は多様である

3-3-2.　高校生が感じる大学の個性はいかにして形成されるのか

3-3-3.　「価値」を基にして実現できる、より良い「大学選び」

参考データ③　短期大学の「価値」

第4章　将来と「大学選び」

4-1.　高校生の将来と「大学選び」の関係を考える …………………………………………… 82

4-1-1.　「大学選び」は高校生の将来に影響を与える

4-2.　将来を意識することで「大学選び」は変わるか …………………………………………… 83

4-2-1.　大学進学者のほとんどが将来の仕事をイメージしている

4-2-2.　将来をイメージしている人ほど大学を「価値」で選んでおり、入学後の意欲も高い

4-2-3.　より良い「大学選び」を実現するために

参考データ④　将来の仕事をイメージしている人の割合

参考データ⑤　入学後の意欲の地域差

図表・データ　目次

第1章　プロジェクトの概要

1-1-2.	図1.「価値」に基づく「大学選び」による学生・大学の変化 ………………………………………	9
1-2-1.	表1. 分析対象者 ………………………………………………………………………………………	11
	表2. 質問項目一覧 ……………………………………………………………………………………	12
1-2-2.	データ1. 基本属性＜性別＞ …………………………………………………………………………	12
	データ2. 基本属性＜立場＞ …………………………………………………………………………	12
	データ3. 基本属性＜性別×立場＞ …………………………………………………………………	13
	データ4. 基本属性＜進路＞ …………………………………………………………………………	13
	データ5. 基本属性＜性別×進路＞ …………………………………………………………………	13
	データ6. 基本属性＜立場×進路＞ …………………………………………………………………	13
	データ7. 基本属性＜居住地＞ ………………………………………………………………………	14
	データ8. 入学校一覧 …………………………………………………………………………………	15
	データ9. 検討校一覧 …………………………………………………………………………………	16

第2章　「大学選び」のプロセス

2-1-2	データ10. 検討校数・出願校数・合格校数の分布＜全体＞ ………………………………………	19
	データ11. 検討校数・出願校数・合格校数の分布＜高校生／男女別＞ …………………………	20
	データ12. 検討校数・出願校数・合格校数の分布＜高校生以外（浪人・その他）／男女別＞ ………	21
	データ13. 検討校数・出願校数・合格校数の分布＜入試方式別＞ ………………………………	22
	データ14. 検討・受験・合格パタン ……………………………………………………………………	23
	データ15. 国公立大学と私立大学の両方に合格した人の入学先 …………………………………	23
	データ16. 入学校のメディアに接触した割合＜全体＞ ……………………………………………	24
	データ17. 入学校のメディアに接触した割合＜立場・男女別＞ …………………………………	25
	データ18. 入学校の認知ルート＜全体＞ ……………………………………………………………	27
	データ19. 入学校の認知ルート＜立場・男女別＞ …………………………………………………	28
	データ20. 入試方式＜国公立／私立入学者別＞ ……………………………………………………	30
	データ21. 第一志望入学率＜全体＞ …………………………………………………………………	30
	データ22. 第一志望入学率＜立場別＞ ………………………………………………………………	30
	データ23. 第一志望入学率＜入学した大学のエリア・学校種別＞ ………………………………	31
	データ24. 入学を決意した理由（他校との違い）……………………………………………………	32
2-2-2.	データ25.「大学選び」のために見たり利用したメディア（MA）＜全体＞ …………………	34
	データ26.「大学選び」のために見たり利用したメディア（MA）＜立場・男女別＞ ………	35
2-2-3.	図2.「大学選び」のプロセスの3段階 ………………………………………………………………	38
	データ27. 出願や入学を検討した大学のオープンキャンパス参加状況 …………………………	39
	データ28. オープンキャンパス参加の有無と第一志望入学率の関係 ……………………………	39
	データ29. 入学校のメディア評価＜学校種別＞ ……………………………………………………	40

参考データ①
	データ30. 出願や入学を検討した学校へのオープンキャンパス参加率＜この春までの居住地別＞…	43
	データ31. 入学した学校のオープンキャンパス参加率＜入学時学部校舎所在地別＞ …………	43

参考データ②
- データ 32. 学生の流出／歩留り状況＜この春までの居住地別＞ …………………………………… 44
- データ 33. 学生の流入状況＜入学時のエリア別＞ ………………………………………………… 44
- データ 34. 学生の流出率　県別ランキング ………………………………………………………… 45
- データ 35. 学生の流入率　県別ランキング ………………………………………………………… 45

第3章　入学する大学の「価値」

3-1-2.　図 3. 自動車の「価値」の構造（イメージ） …………………………………………………… 50
　　　　図 4. 学校の「価値」の構造（イメージ） …………………………………………………… 51
3-2-1.　データ 36. 3つの視点と「総合評価」の関係性 ……………………………………………… 53
3-2-2.　データ 37. 入学校と最も検討した学校の3つの視点の評価比較 ………………………… 55
　　　　データ 38.「価値」を感じて入学した人の割合＜全体＞ …………………………………… 56
　　　　データ 39.「価値」を感じて入学した人の割合＜立場・男女別＞ ………………………… 56
　　　　データ 40.「価値」を感じて入学した人の割合＜この春までの居住地別＞ ……………… 57
　　　　データ 41.「価値」を感じて入学した人の割合＜入学時学部校舎所在地・学校種別＞ … 58
3-2-3.　データ 42. 個別要素の評価と総合評価との関係＜「価値」を感じて入学したか否か別＞ … 60
3-3-1.　データ 43. 個別要素の評価の比較＜学校種別＞ …………………………………………… 63
　　　　データ 44. 個別要素の評価の比較＜入学時学部校舎所在地別＞ ………………………… 64
3-3-2.　図 5. 個別要素が与える3つの視点への影響
　　　　　　　　〜同じ要素でも違う視点に寄与することがある〜 ……………………………… 70
　　　　図 6. 個別要素が与える3つの視点への影響
　　　　　　　　〜一見ネガティブな要素もプラスに作用することがある〜 …………………… 71
　　　　図 7. 個別要素が与える3つの視点への影響
　　　　　　　　〜1つの要素が複数に影響する場合がある〜 …………………………………… 72

参考データ③
- データ 45. 短期大学の「価値」〜4年制大学との比較〜 ………………………………………… 74

第4章　将来と「大学選び」

4-2-1.　データ 46. 将来の仕事をイメージしている人の割合＜全体＞ …………………………… 83
　　　　データ 47. 将来の仕事をイメージしている人の割合＜男女別＞ ………………………… 84
　　　　データ 48. 入学校評価〜将来良い就職／自分に合った将来〜 …………………………… 85
4-2-2.　データ 49. 将来をイメージすることと、「価値」に基づく「大学選び」の関係 …………… 87
　　　　データ 50.「価値」に基づく「大学選び」と、入学後の意欲との関係 …………………… 89
　　　　データ 51. 入学後の意欲の分布 ……………………………………………………………… 91

参考データ④
- データ 52. 将来の仕事をイメージしている人の割合＜この春までの居住地別＞ …………… 94

参考データ⑤
- データ 53. 入学後の意欲＜この春までの居住地別＞ …………………………………………… 95

第1章
プロジェクトの概要

1-1.　新しい「大学選び」のあり方を考えるプロジェクト

1-1-1.　「大学選び」から日本の大学の現在を捉える

1-1-2.　「価値」に基づく新しい「大学選び」へ

1-1-3.　高校生が感じる大学の「価値」を表す"指標"づくり

1-1-4.　"指標"づくりの基礎となる「大学選び」のメカニズムの把握

1-1-5.　「進路決定に関する研究」における本プロジェクトの位置づけ

1-2.　「大学選び」のメカニズムを明らかにする日本最大規模の調査を実施

1-2-1.　「第1回テレメール全国一斉進学調査」の実施概要
　　　　調査方法／回収数／質問内容

1-2-2.　回答者のプロフィール
　　　　基本属性／入学校一覧／検討校一覧

1-1. 新しい「大学選び」のあり方を考えるプロジェクト

1-1-1.
「大学選び」から日本の大学の現在を捉える

　大学は、研究や教育を通して日本を発展させていく原動力として期待されている存在です。しかし、現在、社会状況の変容に伴い、日本の大学は新たな問題に直面しています。

　少子化や学校数の増加、学部学科の多様化、あるいは入試方式の多様化などによって、高校生などの受験生にとって入学する大学の選択肢が増えました。これまで一般的であった偏差値や難易度中心の「大学選び」では、高校生が自分に合った大学を選ぶこと、大学が自校に合った学生を十分数獲得することが難しくなっています。学生の中途退学や、学生募集への過度な資源集中といった問題は、このような状況が生み出しているといえなくもありません。

　こうした現状に対し、私たちは「大学選び」のあり方を問い直すことが、大学が現在抱える問題を改善する糸口になるのではないかと考えています。

1-1-2.
「価値」に基づく新しい「大学選び」へ

　偏差値や難易度に縛られ過ぎた「大学選び」のもとでは、各大学は自校の本来の「価値」を高校生に示すことができません。また、大学から本来の「価値」についての情報を得られなければ、高校生は本来の大学の「価値」に基づいて自分に合った大学を選択することができないという不幸も生じます。

　こうした問題を解決する一つの手立てとして、大学の多様性を認識し活かすという方法が考えられます。それぞれの大学にはそれぞれの資源があり、独自の「価値」を有しているはずです。そうした「価値」を正しく伝えることができれば、高校生が自分の目的や志向性に合った大学を選ぶことができるようになるのではないでしょうか。そのためには、大学そのものの「価値」を明らかにし、適切な「大学選び」ができるしくみを考え実現していくことが必要です。

図1.「価値」に基づく「大学選び」による学生・大学の変化

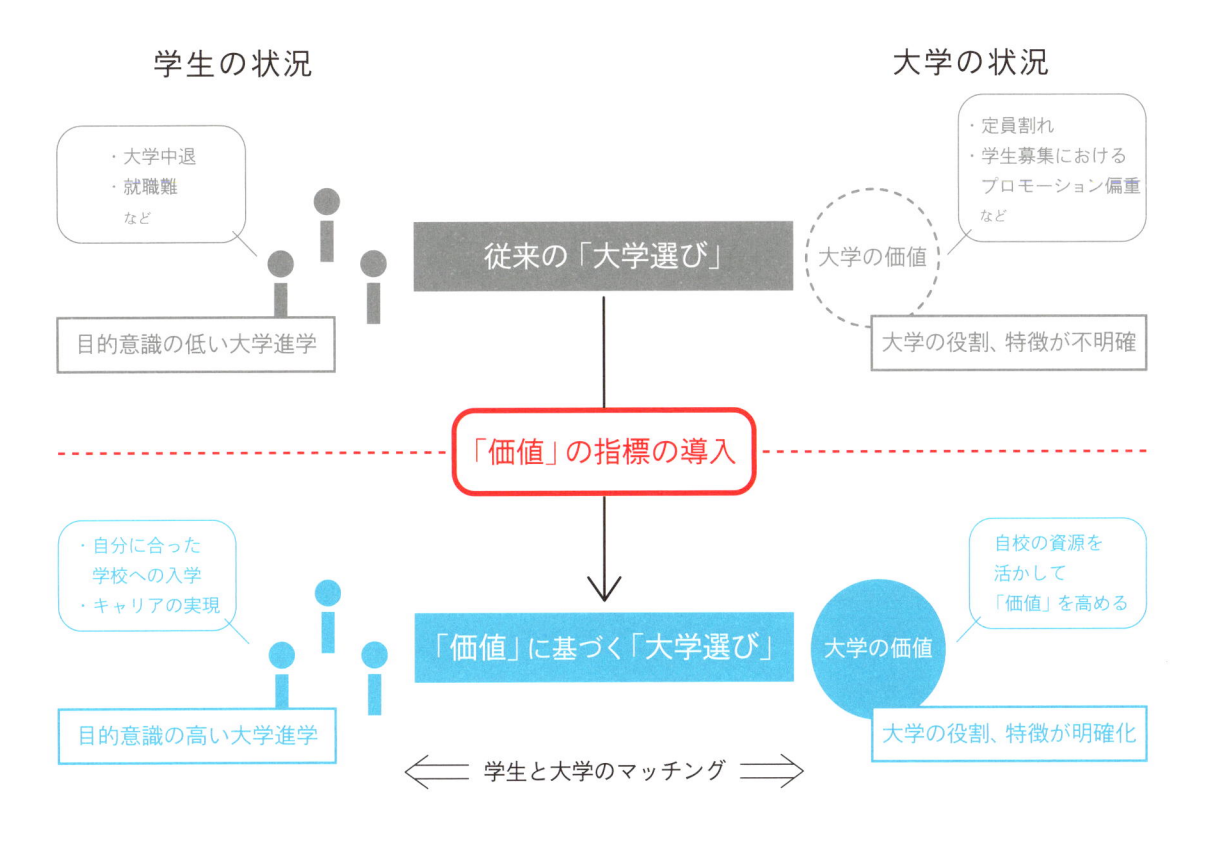

学生の状況

- 大学中退
- 就職難
など

目的意識の低い大学進学

大学の状況

- 定員割れ
- 学生募集における
  プロモーション偏重
など

大学の役割、特徴が不明確

従来の「大学選び」　　大学の価値

----------「価値」の指標の導入----------

「価値」に基づく「大学選び」　　大学の価値

- 自分に合った学校への入学
- キャリアの実現

目的意識の高い大学進学

自校の資源を活かして「価値」を高める

大学の役割、特徴が明確化

⟵ 学生と大学のマッチング ⟶

1-1-3.
高校生が感じる大学の「価値」を表す"指標"づくり

　大学本来の「価値」に基づく「大学選び」を実現するためには、その「価値」を"見える"ようにする必要があります。そこで私たちは、"高校生が大学の「価値」をどのように捉えているのか"を客観的に知ることのできる"指標"の開発を目指すことにしました。この"指標"を用いて「価値」を測定することで、大学運営において「現状の共有」や「施策の優先順位の把握」などが可能になると考えられます。

　もし、大学がこの"指標"を基に自校の役割や方向性を見つめ直し、独自の「価値」を高め正しく伝えるならば、高校生が自分の求める「価値」があると思う大学を選べるようになると考えています。大学本来の「価値」に基づく「大学選び」が可能な社会へと移行するためには、それぞれの大学および高校生はどの方向へと歩めばよいか。「価値の指標」は、この疑問に答えを示す地図となりえるのではないでしょうか。

1-1-4.
"指標"づくりの基盤となる「大学選び」のメカニズムの把握

では、高校生が感じる「価値の指標」とはどのようなものでしょうか。

現実に即した、本当に役に立つ"指標"をつくるためには、まず「大学選び」の現状を構造的、実証的に知ることが必要です。そこで今回、15年以上に及ぶ株式会社応用社会心理学研究所の研究知見をもとに、高校生などの受験生の感じる大学の「価値」を測定する日本初の大規模進学調査「第1回テレメール全国一斉進学調査」を実施しました。本調査は各質問事項への回答をそのまま結果とするアンケートではなく、過去の研究結果や理論から得られた仮説モデルに基づいて概念設計やワーディングを行うなど、科学的な手続きがとられています。中でも、大学ブランドやイメージを尋ねる従来の調査とは異なり、偏差値以外の大学選択を説明する「価値」を測定できるように設計され、入学校はもちろん検討校（入学校以外に入学を検討した学校）についても同じ尺度で測定しています。そのため、入学するまでの検討プロセスや、各大学の入学と非入学を分ける要因などを分析することが可能となりました。

1-1-5.
「進路決定に関する研究」における本プロジェクトの位置づけ

従来の進路決定に関する先行研究では、その多くは、進学活動における高校生の内的な意識や行動に着目しており、高校生による学校評価を対象とした研究は乏しい状況です。また、学校評価に関する先行研究では、これまでは教育評価や経営評価が主流であり、高校生による学校評価についてはあまり検討されてきませんでした。

しかし、進学活動における学校選択は、時に進路選びそのものと混同されるほど、その役割や影響は大きいと考えられます。ですから、真の意味で進路決定のメカニズムを明らかにするためには、高校生が学校をいかに評価して選択に至るのかを明らかにすることが不可欠といえるでしょう。

こうした状況を踏まえ、本プロジェクトは、大学入学者の進学活動におけるメカニズム、とりわけ彼らの「学校評価」を測定することを主眼としています。

1-2. 「大学選び」のメカニズムを明らかにする日本最大規模の調査を実施

1-2-1. 「第1回テレメール全国一斉進学調査」の実施概要

調査方法

テレメール利用者約50万人に対し、株式会社フロムページが発行する媒体ならびにメール、ダイレクトメールにより告知し、2013年4月からの進路が決まった方に、WEB上のアンケートフォームで回答を求めました。
なお、調査期間は、2013年1月26日（土）〜2013年4月5日（金）としました。

回収数

回答者数および、有効回答者数は以下の通りです。
○回答者数／26,993人
○有効回答者数／23,079人
※1. 分析結果の精度を上げるため、不真面目な回答、不整合な回答と考えられるサンプルについては厳正な基準のもと分析対象から外すクリーニングを実施。
　　その結果、23,079人のデータを有効回答としました。
※2. 高校1年生、2年生の回答を分析対象から外し、対象者は進学者に限りました。
※3. 入学校／4年制大学…682校、短期大学…163校
※4. 入学校以外に検討した大学／4年制大学…722校、短期大学…250校
○分析対象者／分析内容に応じて対象者を選定。なお、各分析対象は表1の通りでした。

表1. 分析対象者

有効回答者全体の分析	23,079人	
各入学校／検討校ごとの分析	20,140人	（有効回答者のうち、大学進学者）
4年制大学入学者の全国の動向分析	10,703人	（有効回答者の中から、平成24年度学校基本調査の「性別」「学校種（国公立4年制大学／私立4年制大学）」「高卒／高卒以外」の割合を基にサンプリング）
入学校／検討校（4年制大学）の比較分析	4,207人	（サンプリングされた10,703人のうち、入学校／検討校ともに合格した人）

質問内容

質問内容は表2の通りで、全33問、196項目からなります（回答パターンに応じて変動あり）。

表2. 質問項目一覧

入学校／検討校に関する項目	入学校名／検討校名（非入学校名）
	検討校への出願／合否状況
「大学選び」のプロセスに関する項目	検討進路
	入学に至る認知ルート（認知メディア／興味喚起メディア／資料請求メディア）
	入学校と検討校へのアクション
	入学校／検討校のメディアや応対に対する評価
	入試方式／第一志望状況／入学を決意した理由
「大学の価値」に関する項目	入学校／検討校に対する評価（感じている価値）全56項目
	□総合評価
	□価値の構成概念（教育の質、学生生活、将来など）
	□個別評価項目（立地、カリキュラム、先生、学生へのケア、就職率など）
	大学レベル認知
	学費イメージ
回答者の属性に関する項目	性別
	立場（高校3年生、浪人生、留学生、社会人など）
	居住地
回答者の意識に関する項目	入学後の活動意欲
	職業決定状況

1-2-2.
回答者のプロフィール

基本属性

回答者（サンプルクリーニング後、計23,079人）の基本属性はデータ1.～7.の通りでした。

データ1. 基本属性＜性別＞　　n=23,079

女性 46.4%　　男性 53.6%

データ2. 基本属性＜立場＞　　n=23,079

その他［大学生・社会人・留学生など］5.7%
浪人生 18.4%　　高校3年生 75.9%

データ 3. 基本属性 ＜性別×立場＞

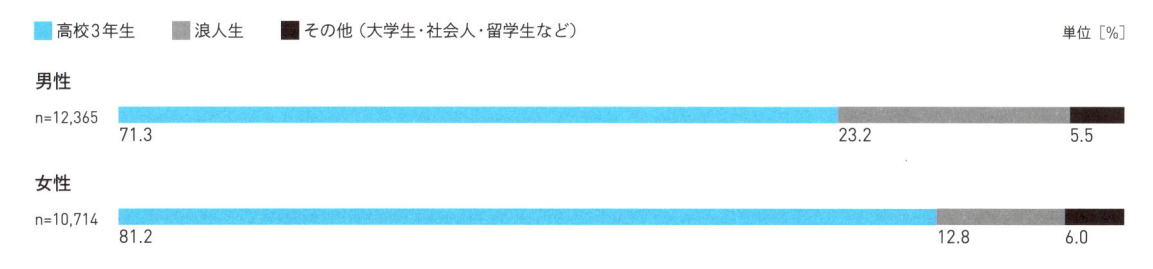

■ 高校3年生　■ 浪人生　■ その他（大学生・社会人・留学生など）　　　単位［%］

男性
n=12,365
| 71.3 | 23.2 | 5.5 |

女性
n=10,714
| 81.2 | 12.8 | 6.0 |

データ 4. 基本属性 ＜進路＞　　　n=23,079

- 専門学校 2.2%
- 大学校 0.4%
- 短期大学［私立］1.6%
- 短期大学［国公立］0.3%
- その他 10.2%
- 4年制大学［国公立］39.9%
- 4年制大学［私立］45.5%

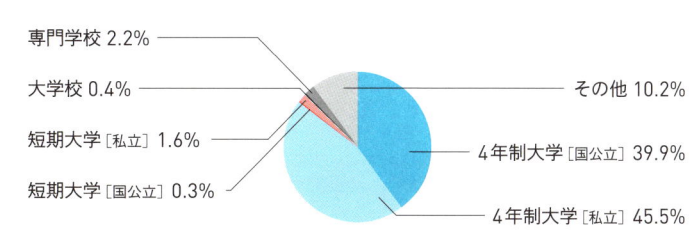

データ 5. 基本属性 ＜性別×進路＞

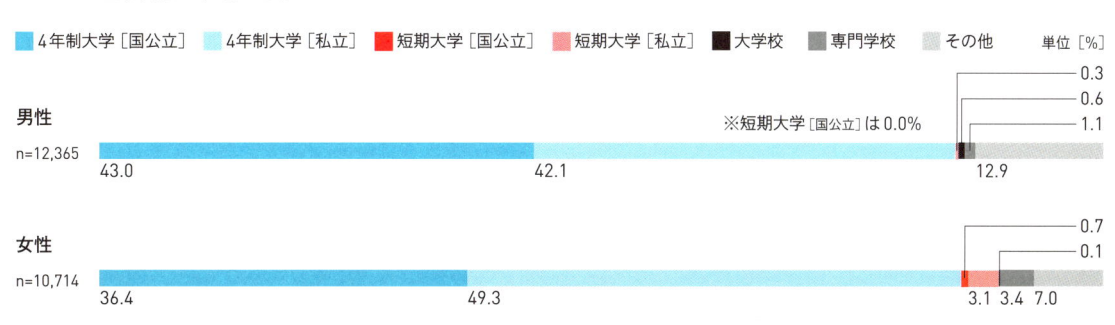

■ 4年制大学［国公立］　■ 4年制大学［私立］　■ 短期大学［国公立］　■ 短期大学［私立］　■ 大学校　■ 専門学校　■ その他　　　単位［%］

男性
n=12,365　※短期大学［国公立］は0.0%
| 43.0 | 42.1 | | 12.9 |

- 0.3
- 0.6
- 1.1

女性
n=10,714
| 36.4 | 49.3 | 3.1 | 3.4 | 7.0 |

- 0.7
- 0.1

データ 6. 基本属性 ＜立場×進路＞

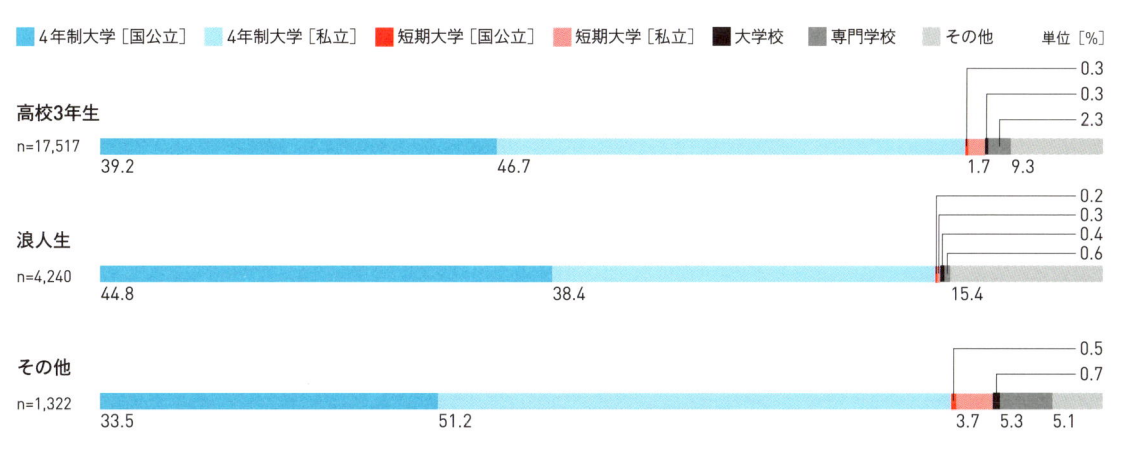

■ 4年制大学［国公立］　■ 4年制大学［私立］　■ 短期大学［国公立］　■ 短期大学［私立］　■ 大学校　■ 専門学校　■ その他　　　単位［%］

高校3年生
n=17,517
| 39.2 | 46.7 | 1.7 | 9.3 |

- 0.3
- 0.3
- 2.3

浪人生
n=4,240
| 44.8 | 38.4 | | 15.4 |

- 0.2
- 0.3
- 0.4
- 0.6

その他
n=1,322
| 33.5 | 51.2 | 3.7 | 5.3 | 5.1 |

- 0.5
- 0.7

第1章 プロジェクトの概要

データ7. 基本属性＜居住地＞　　　　　　　　　　　　　　　　　　　　　　　　n=23,079　単位［%］

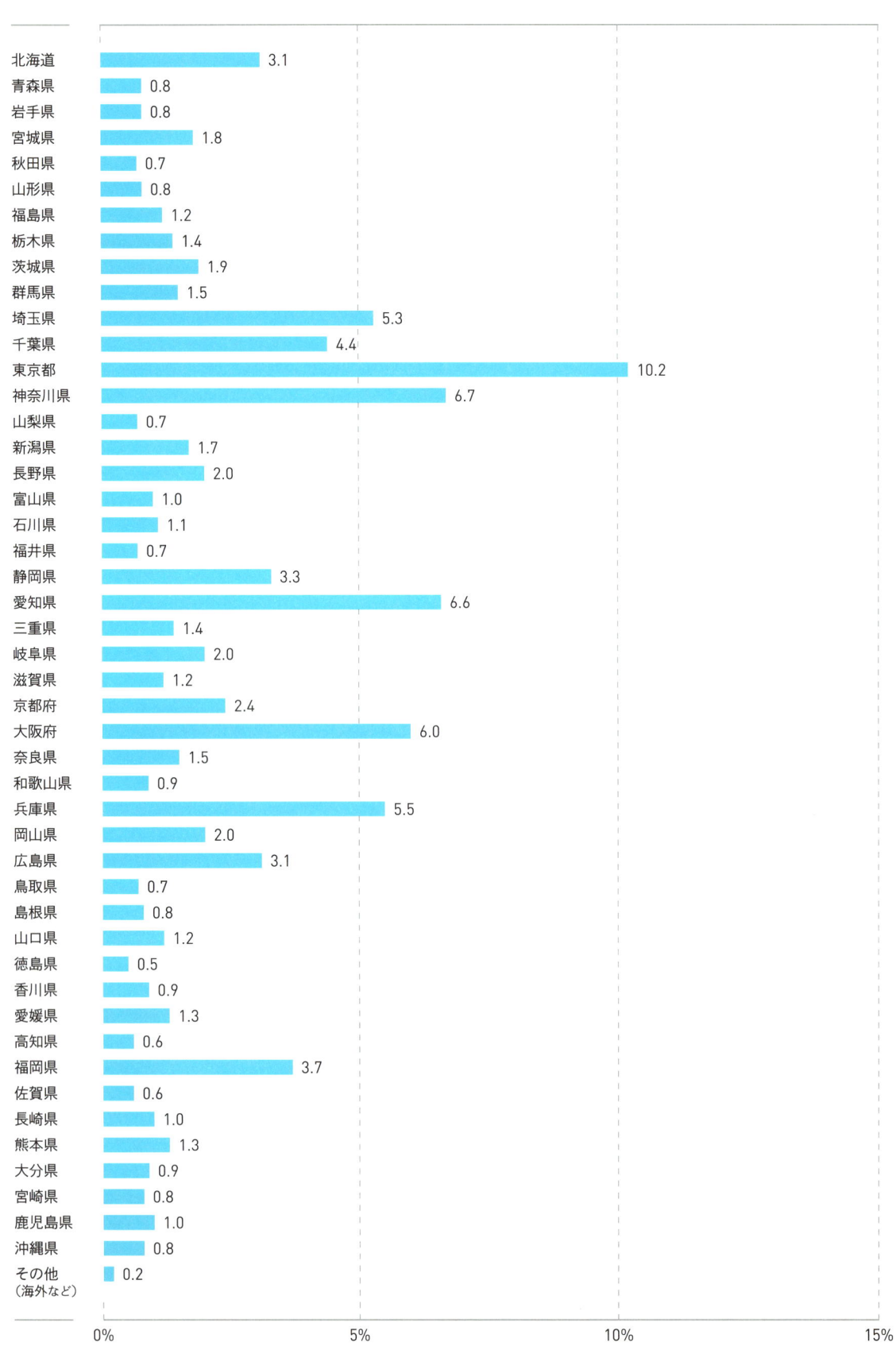

都道府県	%
北海道	3.1
青森県	0.8
岩手県	0.8
宮城県	1.8
秋田県	0.7
山形県	0.8
福島県	1.2
栃木県	1.4
茨城県	1.9
群馬県	1.5
埼玉県	5.3
千葉県	4.4
東京都	10.2
神奈川県	6.7
山梨県	0.7
新潟県	1.7
長野県	2.0
富山県	1.0
石川県	1.1
福井県	0.7
静岡県	3.3
愛知県	6.6
三重県	1.4
岐阜県	2.0
滋賀県	1.2
京都府	2.4
大阪府	6.0
奈良県	1.5
和歌山県	0.9
兵庫県	5.5
岡山県	2.0
広島県	3.1
鳥取県	0.7
島根県	0.8
山口県	1.2
徳島県	0.5
香川県	0.9
愛媛県	1.3
高知県	0.6
福岡県	3.7
佐賀県	0.6
長崎県	1.0
熊本県	1.3
大分県	0.9
宮崎県	0.8
鹿児島県	1.0
沖縄県	0.8
その他（海外など）	0.2

第2章 「大学選び」のプロセス　　第3章 入学する大学の「価値」　　第4章 将来と「大学選び」

入学校一覧

回答者の入学先はデータ8.の通りでした。（上位100校まで表示）

データ8. 入学校一覧

「入学校」一覧（回答者数順）							
大学名	回答者数(人)	大学名	回答者数(人)	大学名	回答者数(人)	大学名	回答者数(人)
東京大学	407	東洋大学	143	大阪市立大学	89	佐賀大学	69
早稲田大学	393	上智大学	135	大阪府立大学	88	明治学院大学	69
日本大学	363	立教大学	133	北里大学	88	東京農業大学	68
京都大学	332	関西学院大学	131	龍谷大学	88	武蔵野美術大学	68
大阪大学	304	横浜国立大学	130	鳥取大学	87	獨協大学	68
明治大学	258	金沢大学	130	香川大学	86	大分大学	67
慶應義塾大学	251	青山学院大学	127	専修大学	85	中京大学	67
九州大学	224	山口大学	126	島根大学	84	岡山理科大学	65
筑波大学	223	埼玉大学	124	兵庫県立大学	82	秋田大学	65
神戸大学	217	福岡大学	123	高知大学	80	大阪工業大学	65
名古屋大学	214	東京学芸大学	121	長崎大学	79	琉球大学	65
東北大学	207	熊本大学	118	横浜市立大学	78	中部大学	63
立命館大学	203	東京工業大学	108	多摩美術大学	78	東京海洋大学	63
千葉大学	199	愛媛大学	107	徳島大学	78	名古屋工業大学	63
関西大学	185	岐阜大学	107	電気通信大学	76	名古屋市立大学	63
同志社大学	185	首都大学東京	104	京都産業大学	75	東京電機大学	62
北海道大学	185	東海大学	104	東京外国語大学	75	宇都宮大学	60
岡山大学	182	一橋大学	102	國學院大学	74	学習院大学	58
近畿大学	182	茨城大学	101	愛知大学	73	岩手大学	58
広島大学	177	三重大学	98	駒澤大学	73	山梨大学	58
東京理科大学	158	鹿児島大学	98	同志社女子大学	73	南山大学	58
中央大学	157	帝京大学	98	お茶の水女子大学	72	福島大学	58
信州大学	154	富山大学	95	神奈川大学	72		
静岡大学	154	山形大学	93	北九州市立大学	70		
新潟大学	149	東京農工大学	91	群馬大学	69		
法政大学	149	名城大学	90	弘前大学	69		

検討校一覧

回答者の検討校（出願や入学を検討したが、最終的に入学しなかった学校）はデータ9.の通りでした。（上位100校まで表示）

データ9. 検討校一覧

「検討校」一覧（回答者数順）

大学名	回答者数(人)	大学名	回答者数(人)	大学名	回答者数(人)	大学名	回答者数(人)
早稲田大学	2,121	北海道大学	530	明治学院大学	328	東邦大学	236
明治大学	1,840	九州大学	507	金沢大学	324	東京学芸大学	232
日本大学	1,283	芝浦工業大学	505	國學院大学	321	香川大学	231
立命館大学	1,280	首都大学東京	488	中京大学	316	同志社女子大学	229
慶應義塾大学	1,262	大阪府立大学	486	三重大学	314	京都女子大学	228
法政大学	1,250	大阪市立大学	465	兵庫県立大学	314	東京都市大学	222
東京理科大学	1,169	名古屋大学	463	東京工業大学	305	名古屋工業大学	221
中央大学	1,130	東北大学	455	熊本大学	303	宮崎大学	220
同志社大学	1,050	北里大学	452	愛媛大学	293	成城大学	215
立教大学	1,019	静岡大学	448	名古屋市立大学	292	愛知大学	211
関西大学	968	埼玉大学	445	東京農工大学	289	島根大学	210
青山学院大学	920	東海大学	428	帝京大学	288	昭和大学	208
神戸大学	853	福岡大学	421	山形大学	285	東京女子大学	204
近畿大学	820	専修大学	419	京都産業大学	279	山梨大学	201
東洋大学	806	名城大学	415	東京電機大学	277	都留文科大学	200
大阪大学	706	駒澤大学	406	甲南大学	276	高知大学	199
千葉大学	702	山口大学	402	日本女子大学	264	北九州市立大学	199
関西学院大学	674	学習院大学	385	順天堂大学	259	佐賀大学	197
上智大学	672	成蹊大学	369	鳥取大学	259	愛知県立大学	195
広島大学	628	岐阜大学	367	文教大学	258	横浜市立大学	192
東京大学	615	龍谷大学	366	徳島大学	256	獨協大学	191
信州大学	586	東京農業大学	355	鹿児島大学	251	京都工芸繊維大学	190
筑波大学	573	南山大学	355	一橋大学	247	昭和女子大学	190
京都大学	568	富山大学	350	茨城大学	247		
岡山大学	561	神奈川大学	345	弘前大学	236		
横浜国立大学	534	新潟大学	333	長崎大学	236		

第2章
「大学選び」のプロセス

2-1. 高校生はどのような進学活動を行っているのか

2-1-1. 進学活動をプロセスとして捉えることの重要性

2-1-2. プロセスにおける活動の実態を確認する
　　　　検討・受験状況／利用メディア・認知ルート／入学状況

2-2. 学校選択意思決定のプロセスモデル

2-2-1. 高校生の行動を説明できる「モデル」の必要性

2-2-2. 多様化する進学活動、時期では行動を捉え切れない

2-2-3. 「大学選び」の意思決定プロセスに3つの段階がある
　　　　探索段階／評価段階／決定段階

2-2-4. 「大学選び」の意思決定プロセスに合わせて大学がすべきこと

2-2-5. 「キャリア選択」の一環としての「大学選び」

参考データ①　オープンキャンパス参加状況の地域差

参考データ②　学生の流出・流入状況

2-1. 高校生はどのような進学活動を行っているのか

2-1-1.
進学活動をプロセスとして捉えることの重要性

　「大学選び」のメカニズムを明らかにするためには、進学活動のプロセスに注目することが重要です。なぜなら、高校生などの受験生が入学する大学を1つに決めるまでには、通常数か月から数年と非常に長い期間がかかるものであり、活動のどの段階にあるのかによって、気になることや興味関心、必要とする情報といった「大学選び」のための行動や考慮する内容は大きく変化するからです。

　そもそも高校生は、「大学選び」をするにあたり大学についてほとんど知識が無い状態からスタートします。当初、彼らは進学する目的や大学のイメージを十分に持っていません。進学活動を通して様々な情報に触れることで、自分の学びたいことや将来の仕事・キャリアについて考えながら、徐々に行きたい大学のイメージを固めていくのです。

　この活動の長いプロセスにおけるそれぞれの段階で、彼らが起こす行動や利用するメディアなどの情報源は異なってきます。また、「大学選び」の着眼点（大学を絞り込む方略）も変化すると考えられています。

　進学活動をこのようにプロセスとして捉えれば、多様化する高校生などの受験生の「大学選び」のための行動をすっきりと説明することができると考えられます。加えて、「高校入学時」「高校3年の夏」といった時期などに規定された画一的な見方で彼らの活動状況を捉えるのではなく、個々の状況や発達に応じてそれぞれに合ったガイドや情報提供をすることもできるのではないでしょうか。

2-1-2.
プロセスにおける活動の実態を確認する

　「大学選び」のプロセスについてのモデルは、後ほど検討することとします（第2章 P.32）。ここではまず、「第1回テレメール全国一斉進学調査」の結果データから、募集広報上のプロセスに関わる「検討・受験状況」「利用メディア・認知ルート」「入学状況」の3つについて確認していきます。

検討・受験状況

　第一に、「検討・受験状況」からみていきましょう。前述したように、高校生などの受験生が大学入学に至るまでには長い検討プロセスがあります。彼らは漠然とした状態から進学活動をスタートさせ、徐々にいくつかの大学に絞り込んでいきますが、このときどれくらいの数の選択肢から入学を希望する大学を選んでいるのでしょうか。絞り込む選択肢の数に注目してみます。

　データ10.は、受験生の「検討した学校数」「出願した学校数」「合格した学校数」を示したものです。これらのデータから、検討校数と出願校数は人によってバラつき（個人差）が大きいことがわかります。2〜3校と比較的少ない人もいれば、5校以上と多い人もおり、進学活動が多様であることの一端を示しているようです。

データ10. 検討校数・出願校数・合格校数の分布＜全体＞

検討校数　平均4.24校

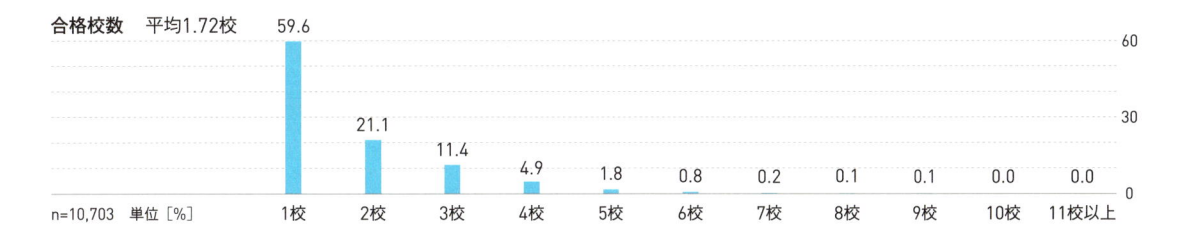

1校	2校	3校	4校	5校	6校	7校	8校	9校	10校	11校以上
9.0	18.8	18.1	16.4	11.9	9.0	5.7	3.8	2.2	1.2	3.6

←バラつき（個人差）が大きい→

n=10,703　単位[％]

出願校数　平均3.01校

1校	2校	3校	4校	5校	6校	7校	8校	9校	10校	11校以上
28.1	19.4	18.2	14.1	8.9	5.9	2.7	1.6	0.6	0.3	0.3

←バラつき（個人差）が大きい→

n=10,703　単位[％]

合格校数　平均1.72校

1校	2校	3校	4校	5校	6校	7校	8校	9校	10校	11校以上
59.6	21.1	11.4	4.9	1.8	0.8	0.2	0.1	0.1	0.0	0.0

n=10,703　単位[％]

※校数は入学した学校も含めての値。
※調査では検討した大学の回答数上限は10校までである。
　平均値の算出については10校すべて回答した人の実際の校数は11校以上あった可能性はあるが、計算は10校として行っている。

データ 11. 検討校数・出願校数・合格校数の分布＜高校生／男女別＞

高校生：男性（n=4,797）
高校生：女性（n=4,186）

単位［％］

検討校数　平均　高校生：男性…4.11校　高校生：女性…4.41校

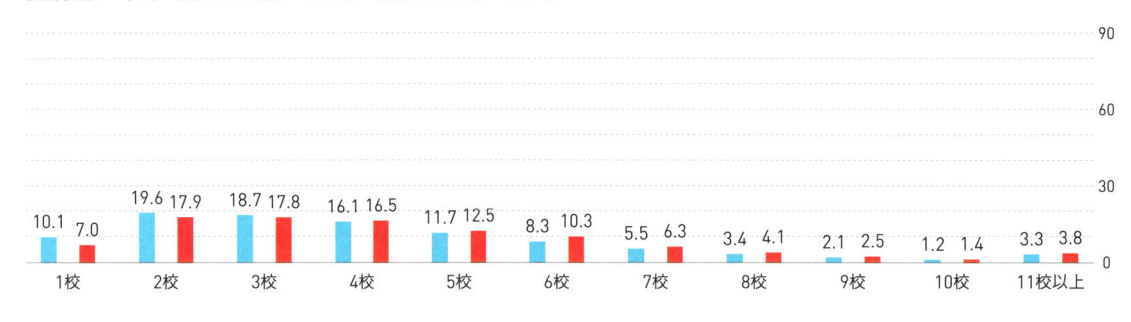

	1校	2校	3校	4校	5校	6校	7校	8校	9校	10校	11校以上
男性	10.1	19.6	18.7	16.1	11.7	8.3	5.5	3.4	2.1	1.2	3.3
女性	7.0	17.9	17.8	16.5	12.5	10.3	6.3	4.1	2.5	1.4	3.8

出願校数　平均　高校生：男性…2.93校　高校生：女性…3.02校

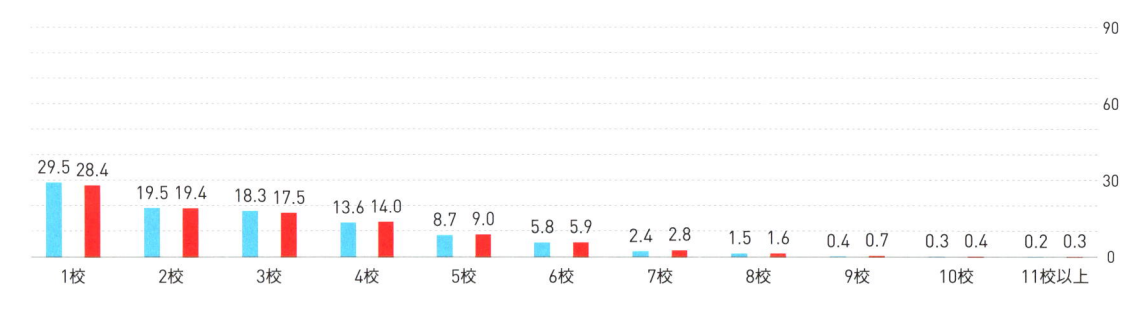

	1校	2校	3校	4校	5校	6校	7校	8校	9校	10校	11校以上
男性	29.5	19.5	18.3	13.6	8.7	5.8	2.4	1.5	0.4	0.3	0.2
女性	28.4	19.4	17.5	14.0	9.0	5.9	2.8	1.6	0.7	0.4	0.3

合格校数　平均　高校生：男性…1.66校　高校生：女性…1.76校

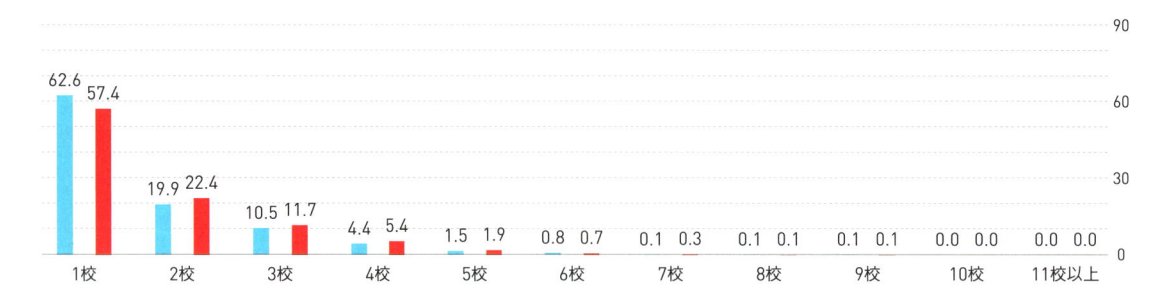

	1校	2校	3校	4校	5校	6校	7校	8校	9校	10校	11校以上
男性	62.6	19.9	10.5	4.4	1.5	0.8	0.1	0.1	0.1	0.0	0.0
女性	57.4	22.4	11.7	5.4	1.9	0.7	0.3	0.1	0.1	0.0	0.0

※校数は入学した学校も含めての値。
※調査では検討した大学の回答数上限は10校までである。
　平均値の算出については10校すべて回答した人の実際の校数は11校以上あった可能性はあるが、計算は10校として行っている。

データ 12. 検討校数・出願校数・合格校数の分布＜高校生以外（浪人・その他）／男女別＞

■ 高校生以外：男性（n=1,187）
■ 高校生以外：女性（n=533）

単位[％]

検討校数　平均　高校生以外：男性…4.15校　高校生以外：女性…4.23校

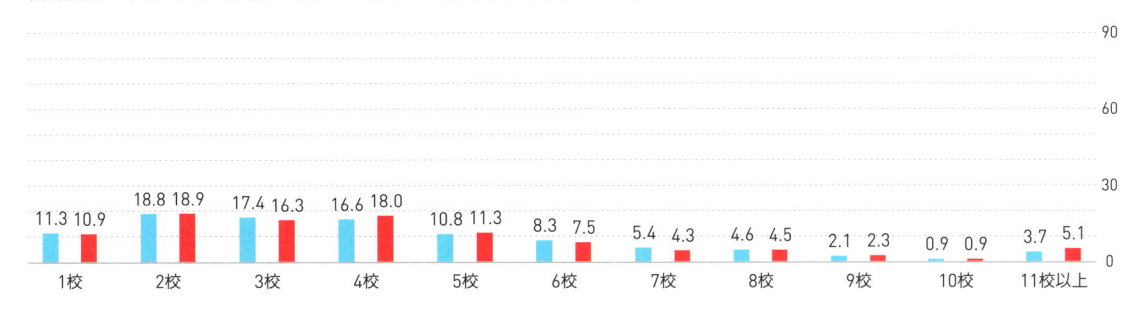

	1校	2校	3校	4校	5校	6校	7校	8校	9校	10校	11校以上
男性	11.3	18.8	17.4	16.6	10.8	8.3	5.4	4.6	2.1	0.9	3.7
女性	10.9	18.9	16.3	18.0	11.3	7.5	4.3	4.5	2.3	0.9	5.1

出願校数　平均　高校生以外：男性…3.24校　高校生以外：女性…3.16校

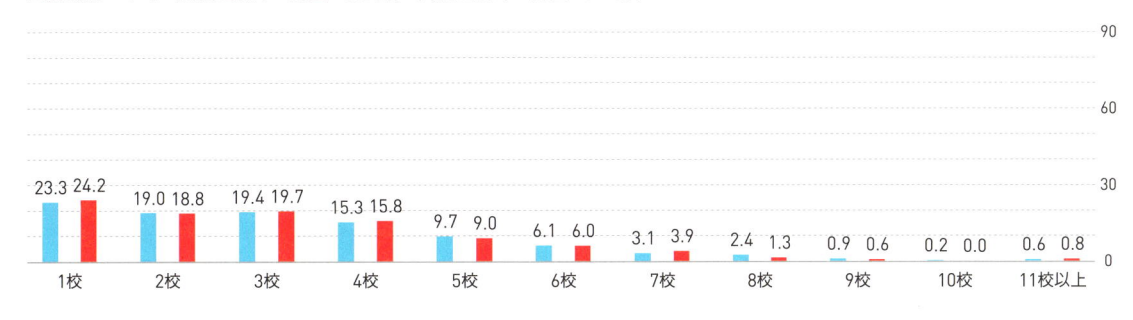

	1校	2校	3校	4校	5校	6校	7校	8校	9校	10校	11校以上
男性	23.3	19.0	19.4	15.3	9.7	6.1	3.1	2.4	0.9	0.2	0.6
女性	24.2	18.8	19.7	15.8	9.0	6.0	3.9	1.3	0.6	0.0	0.8

合格校数　平均　高校生以外：男性…1.80校　高校生以外：女性…1.79校

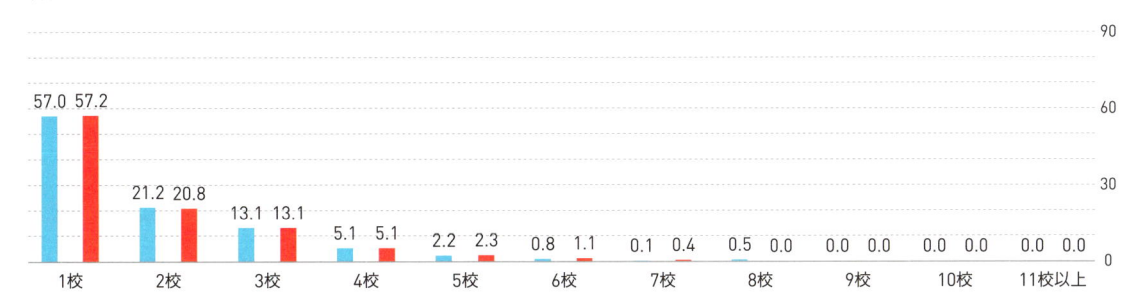

	1校	2校	3校	4校	5校	6校	7校	8校	9校	10校	11校以上
男性	57.0	21.2	13.1	5.1	2.2	0.8	0.1	0.5	0.0	0.0	0.0
女性	57.2	20.8	13.1	5.1	2.3	1.1	0.4	0.0	0.0	0.0	0.0

※校数は入学した学校も含めての値。
※調査では検討した大学の回答数上限は10校までである。
　平均値の算出については10校すべて回答した人の実際の校数は11校以上あった可能性はあるが、計算は10校として行っている。

データ 13. 検討校数・出願校数・合格校数の分布＜入試方式別＞

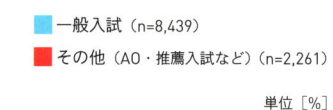

■ 一般入試（n=8,439）
■ その他（AO・推薦入試など）（n=2,261）

単位［%］

検討校数　平均　一般入試…4.41校　その他（AO・推薦入試など）…3.59校

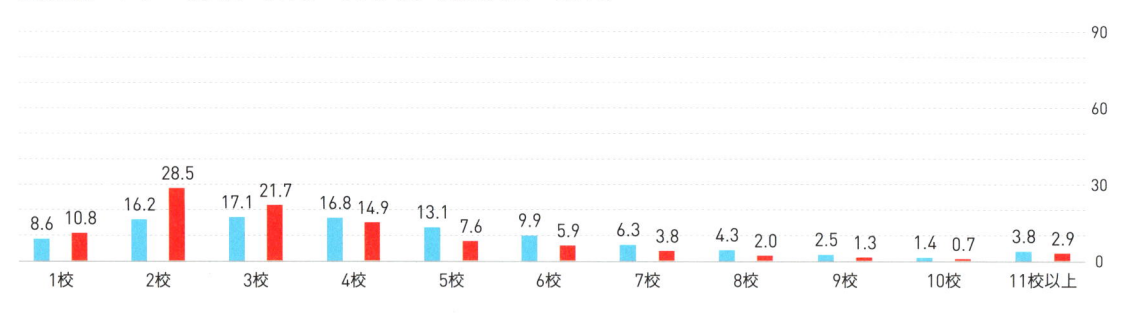

校数	一般入試	その他
1校	8.6	10.8
2校	16.2	28.5
3校	17.1	21.7
4校	16.8	14.9
5校	13.1	7.6
6校	9.9	5.9
7校	6.3	3.8
8校	4.3	2.0
9校	2.5	1.3
10校	1.4	0.7
11校以上	3.8	2.9

出願校数　平均　一般入試…3.38校　その他（AO・推薦入試など）…1.61校

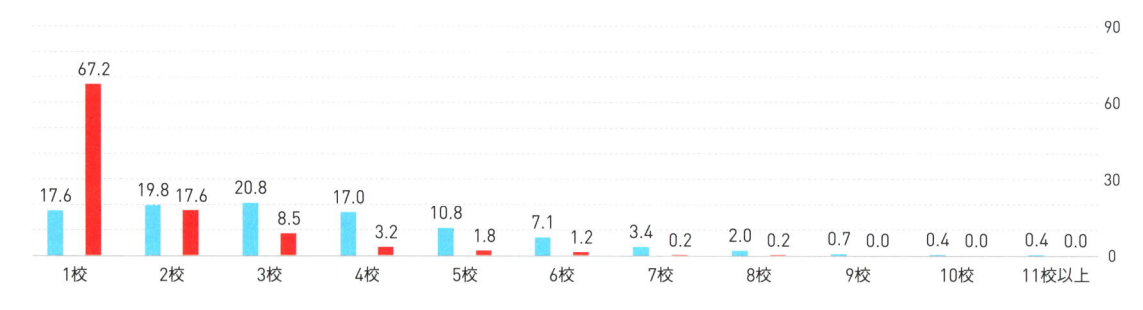

校数	一般入試	その他
1校	17.6	67.2
2校	19.8	17.6
3校	20.8	8.5
4校	17.0	3.2
5校	10.8	1.8
6校	7.1	1.2
7校	3.4	0.2
8校	2.0	0.2
9校	0.7	0.0
10校	0.4	0.0
11校以上	0.4	0.0

合格校数　平均　一般入試…1.87校　その他（AO・推薦入試など）…1.16校

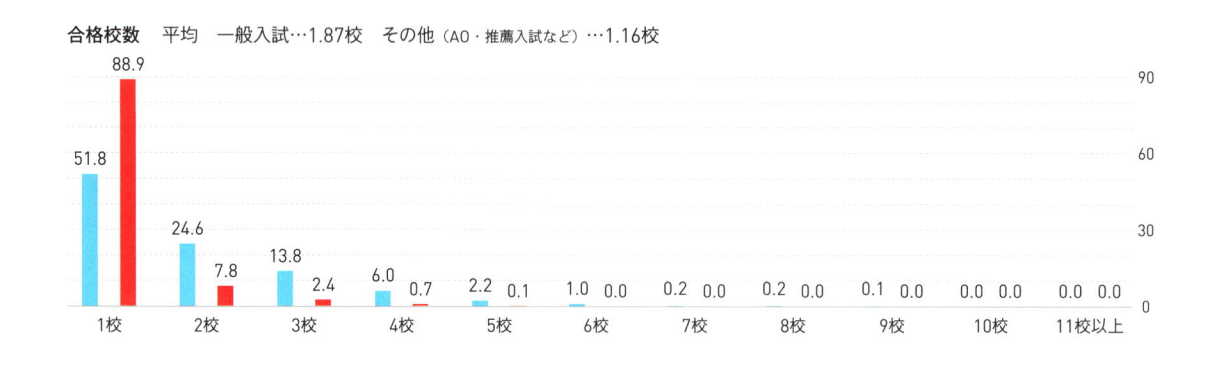

校数	一般入試	その他
1校	51.8	88.9
2校	24.6	7.8
3校	13.8	2.4
4校	6.0	0.7
5校	2.2	0.1
6校	1.0	0.0
7校	0.2	0.0
8校	0.2	0.0
9校	0.1	0.0
10校	0.0	0.0
11校以上	0.0	0.0

※校数は入学した学校も含めての値。
※調査では検討した大学の回答数上限は10校までである。
　平均値の算出については10校すべて回答した人の実際の校数は11校以上あった可能性はあるが、計算は10校として行っている。

ここまでは検討していた学校の校数についてみましたが、ではそのパタンはどうなっているのでしょうか。

　データ14.は、検討から合格までの国公立大学と私立大学の検討・出願・合格の組み合わせパタンを示したものです。検討段階では実に2人に1人（49.0％）、出願段階でも4割近く（36.8％）と、多くの人が国公立と私立の両方を進路として検討していたことがわかります。しかし、国公立と私立に両方出願した人のうち、両方とも合格することができたのはわずか3分の1程度と低い割合となっています。

　では、国公立と私立の両方に合格した人は、最終的にどちらに進学しているのでしょうか。予想されることかもしれませんが、国公立に進学する人のほうが多く、データ15.では74.2％となっています。ただし、私立に進学することを選択した人も4分の1以上（25.8％）と一定数いることも事実です。

データ14. 検討・受験・合格パタン

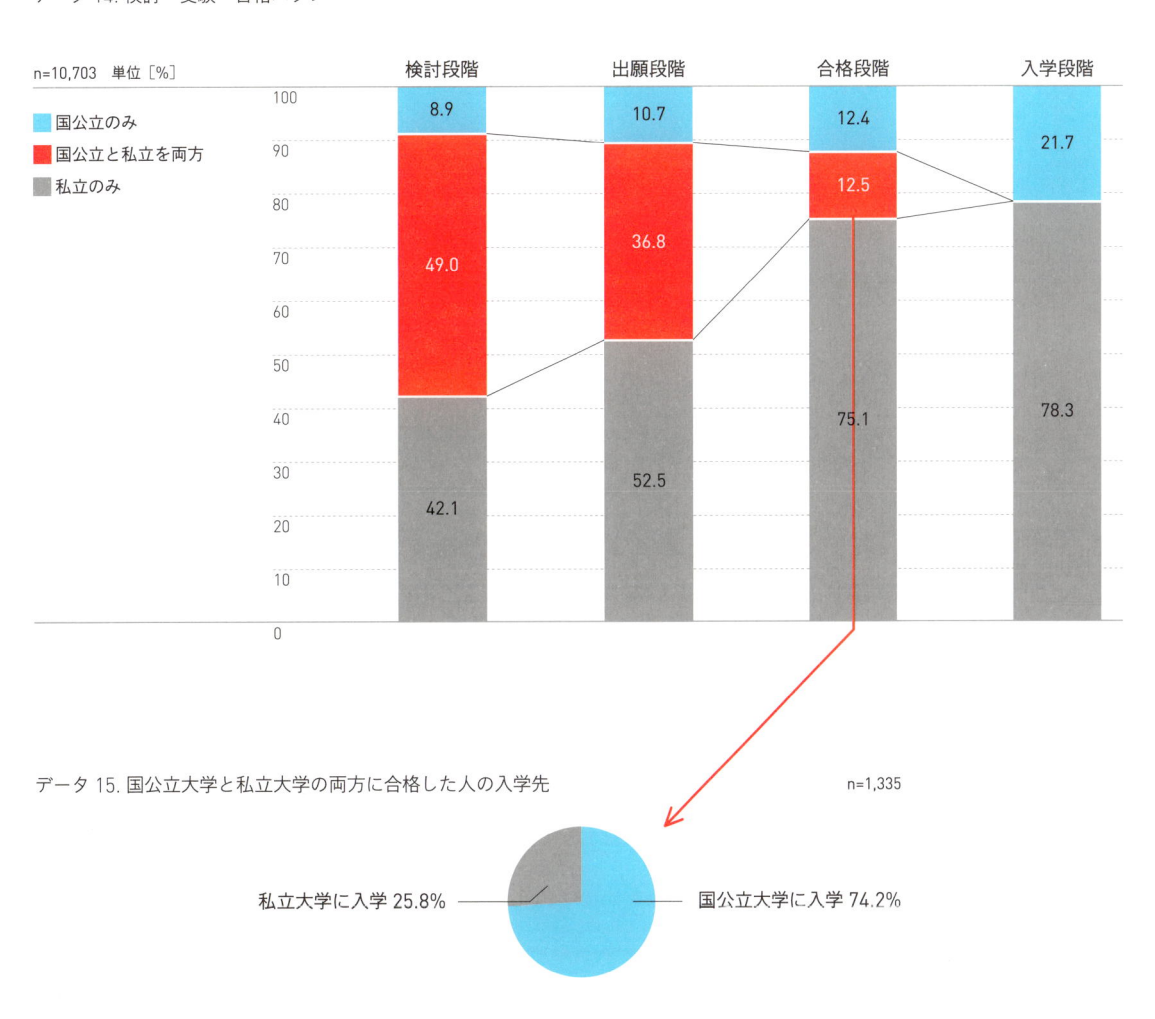

n=10,703　単位[％]

	検討段階	出願段階	合格段階	入学段階
国公立のみ	8.9	10.7	12.4	21.7
国公立と私立を両方	49.0	36.8	12.5	
私立のみ	42.1	52.5	75.1	78.3

データ15. 国公立大学と私立大学の両方に合格した人の入学先　　n=1,335

私立大学に入学 25.8％　　国公立大学に入学 74.2％

利用メディア・認知ルート

　商品を選ぶなど何かを選択するとき、たいていはそのプロセスにおいて情報収集が行われます。特に、その商品が重要なものであるため意思決定が難しかったり、関与が高い事柄であったりするものであればあるほど、情報収集は活発で複雑になります。「大学選び」の意思決定においても同様であり、ほとんどの高校生などの受験生は様々な媒体・ツールから多くの情報を得て、大学を選択していると考えられます。

　データ16.は、今回の調査対象者が入学した大学のメディアに接触した割合です。ほとんどの人が入学校の「パンフレット」や「ホームページ」をみていることがわかります（どちらも92.5％）。また、「進学情報誌・進学情報サイト」で入学校の記事を読んだ人も4人に3人（76.8％）と多く、「入学校主催のイベント（オープンキャンパス・体験入学など）」に参加したことがある人も2人に1人（46.7％）です。近年は、大学でもオープンキャンパスの開催が盛んになってきていますが、このように高校生などの受験生の情報接触は非常に活発であるといえます。

データ16. 入学校のメディアに接触した割合＜全体＞

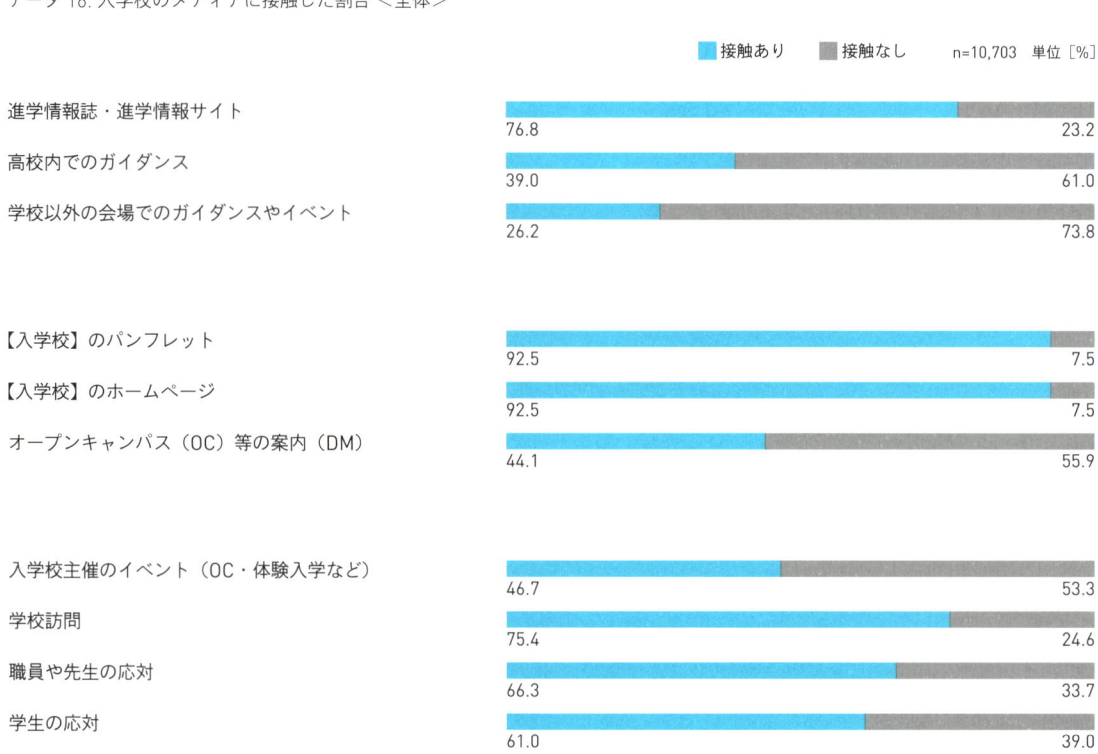

接触あり　接触なし　n=10,703　単位［％］

項目	接触あり	接触なし
進学情報誌・進学情報サイト	76.8	23.2
高校内でのガイダンス	39.0	61.0
学校以外の会場でのガイダンスやイベント	26.2	73.8
【入学校】のパンフレット	92.5	7.5
【入学校】のホームページ	92.5	7.5
オープンキャンパス（OC）等の案内（DM）	44.1	55.9
入学校主催のイベント（OC・体験入学など）	46.7	53.3
学校訪問	75.4	24.6
職員や先生の応対	66.3	33.7
学生の応対	61.0	39.0

データ 17. 入学校のメディアに接触した割合＜立場・男女別＞

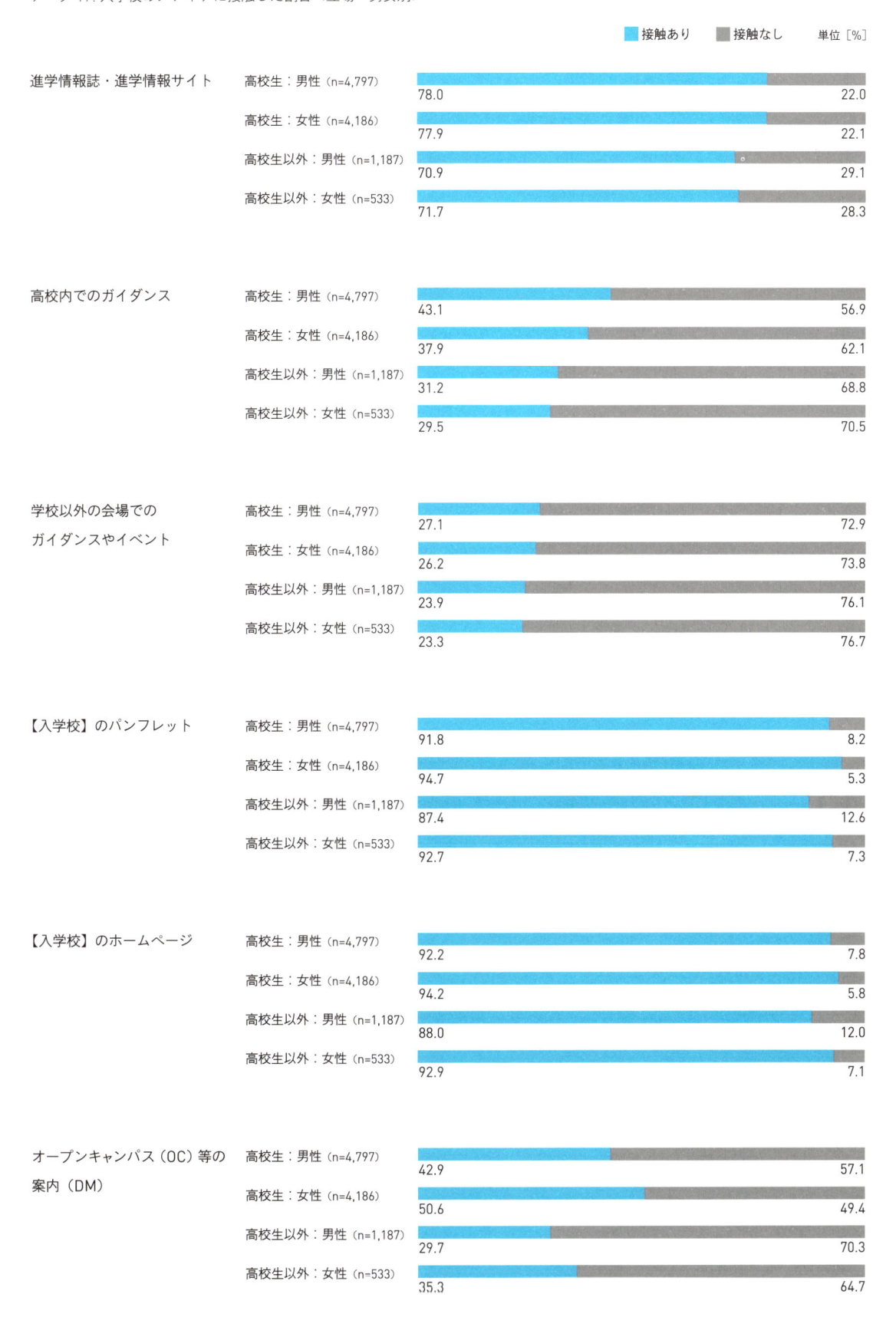

■ 接触あり　■ 接触なし　単位 [%]

進学情報誌・進学情報サイト

立場・性別	接触あり	接触なし
高校生：男性 (n=4,797)	78.0	22.0
高校生：女性 (n=4,186)	77.9	22.1
高校生以外：男性 (n=1,187)	70.9	29.1
高校生以外：女性 (n=533)	71.7	28.3

高校内でのガイダンス

立場・性別	接触あり	接触なし
高校生：男性 (n=4,797)	43.1	56.9
高校生：女性 (n=4,186)	37.9	62.1
高校生以外：男性 (n=1,187)	31.2	68.8
高校生以外：女性 (n=533)	29.5	70.5

学校以外の会場でのガイダンスやイベント

立場・性別	接触あり	接触なし
高校生：男性 (n=4,797)	27.1	72.9
高校生：女性 (n=4,186)	26.2	73.8
高校生以外：男性 (n=1,187)	23.9	76.1
高校生以外：女性 (n=533)	23.3	76.7

【入学校】のパンフレット

立場・性別	接触あり	接触なし
高校生：男性 (n=4,797)	91.8	8.2
高校生：女性 (n=4,186)	94.7	5.3
高校生以外：男性 (n=1,187)	87.4	12.6
高校生以外：女性 (n=533)	92.7	7.3

【入学校】のホームページ

立場・性別	接触あり	接触なし
高校生：男性 (n=4,797)	92.2	7.8
高校生：女性 (n=4,186)	94.2	5.8
高校生以外：男性 (n=1,187)	88.0	12.0
高校生以外：女性 (n=533)	92.9	7.1

オープンキャンパス（OC）等の案内（DM）

立場・性別	接触あり	接触なし
高校生：男性 (n=4,797)	42.9	57.1
高校生：女性 (n=4,186)	50.6	49.4
高校生以外：男性 (n=1,187)	29.7	70.3
高校生以外：女性 (n=533)	35.3	64.7

| | | 接触あり | 接触なし | 単位 [%] |

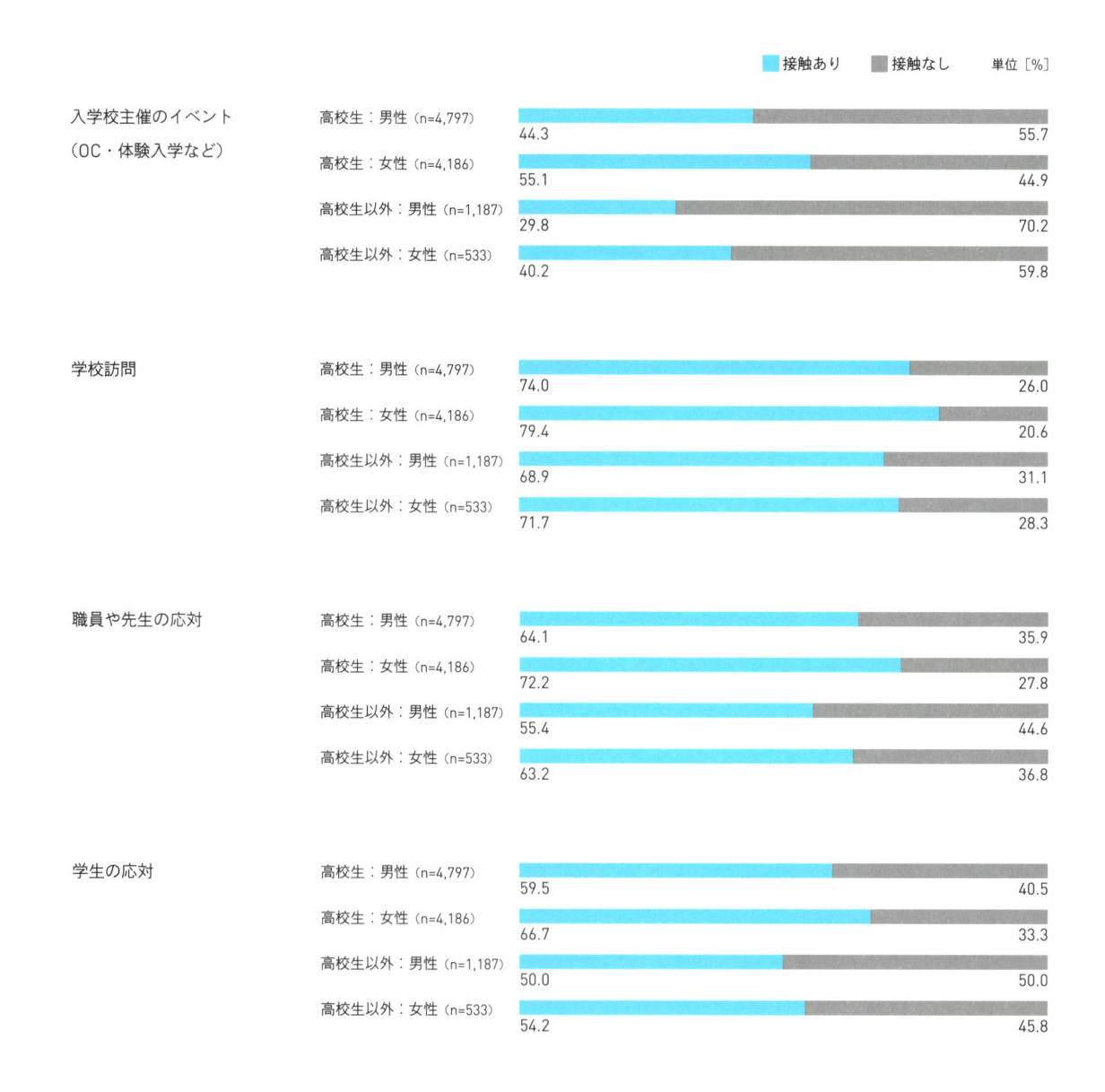

項目	区分	接触あり (%)	接触なし (%)
入学校主催のイベント（OC・体験入学など）	高校生：男性 (n=4,797)	44.3	55.7
	高校生：女性 (n=4,186)	55.1	44.9
	高校生以外：男性 (n=1,187)	29.8	70.2
	高校生以外：女性 (n=533)	40.2	59.8
学校訪問	高校生：男性 (n=4,797)	74.0	26.0
	高校生：女性 (n=4,186)	79.4	20.6
	高校生以外：男性 (n=1,187)	68.9	31.1
	高校生以外：女性 (n=533)	71.7	28.3
職員や先生の応対	高校生：男性 (n=4,797)	64.1	35.9
	高校生：女性 (n=4,186)	72.2	27.8
	高校生以外：男性 (n=1,187)	55.4	44.6
	高校生以外：女性 (n=533)	63.2	36.8
学生の応対	高校生：男性 (n=4,797)	59.5	40.5
	高校生：女性 (n=4,186)	66.7	33.3
	高校生以外：男性 (n=1,187)	50.0	50.0
	高校生以外：女性 (n=533)	54.2	45.8

　さて、情報接触に関して注意しておくべきことがあります。それは、使われるメディアは人によって多様であり、場面によっても使い分けられている場合があるということです。それぞれのメディアには特性があります。長い検討プロセスの中で高校生などの受験生が置かれる状況は異なっているため、それに応じて人によって異なるメディアが利用されたり、使い分けが行われたりするのです。

　ここでは調査データを基に、一例として、検討プロセスで彼らが大学について「初めて知った」「興味を持った」「資料請求をした」の各場面においてどのようなメディアを利用したのかを確認してみましょう。データ18.は、「入学した大学を初めて知ったメディア」「進学先として興味を持ったメディア」「資料請求をしたメディア」の回答結果です。データに示されているように、それぞれ

の場面で利用されるメディアは多様であるとともに場面ごとに大きく傾向が異なります。

認知（初めて知った）の場面では「進学情報誌」（15.4％）や「進学情報サイト」（パソコン利用とケータイ・スマホ利用合わせて5.7％）といった集合メディアを使う割合が高いですが、「親やその他の家族」（19.8％）や「高校の先生」（12.1％）といった口コミも高いパーセンテージを占めています。

一方、興味を持った場面では「学校のホームページ」（パソコン利用とケータイ・スマホ利用合わせて12.3％）や「学校のパンフレットや資料」（16.3％）、「学校主催のイベント（オープンキャンパス・体験入学など）」（15.1％）といった学校が提供するメディアが多くなっていますが、その中のどれか1つのメディアに利用が集中しているわけではありません。ある人はパンフレット、ある人はイベントなど様々な傾向がみられます。

さらに、資料請求をした場面においても、「学校のホームページ」（パソコン利用とケータイ・スマホ利用合わせて24.6％）や「学校のパンフレットや資料」（11.8％）といった学校が提供するメディアが多いほか、「進学情報誌」（10.7％）、「進学情報サイト」（パソコン利用とケータイ・スマホ利用合わせて30.4％）といった集合メディアも多くなっており多様です。

データ18. 入学校の認知ルート ＜全体＞　　n=10,703　単位［％］

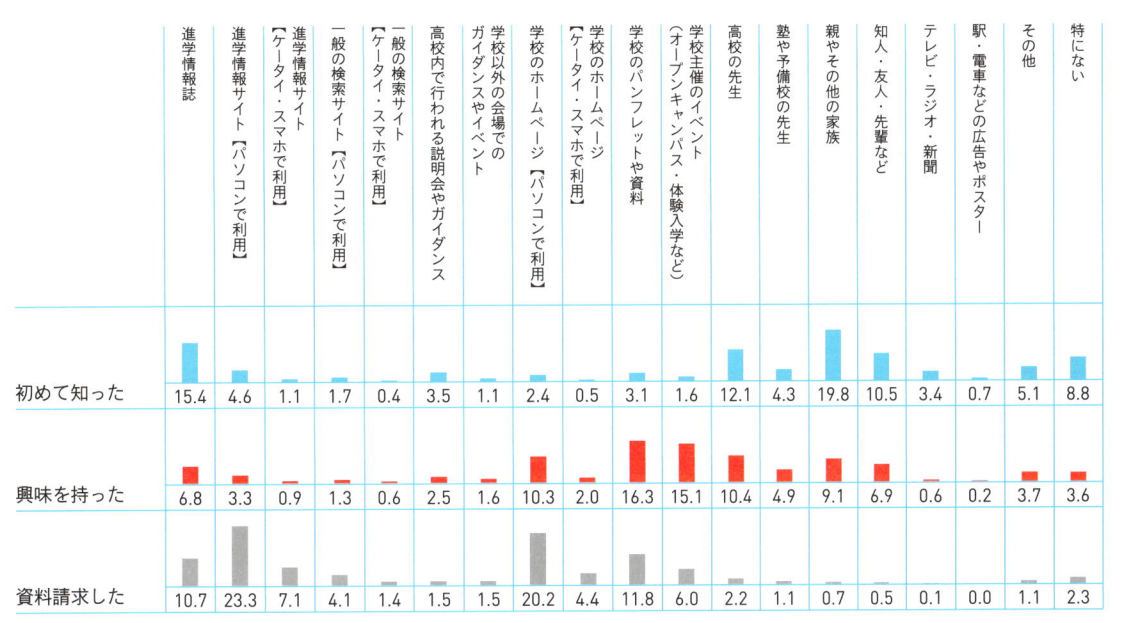

	進学情報誌	進学情報サイト【パソコンで利用】	進学情報サイト【ケータイ・スマホで利用】	一般の検索サイト【パソコンで利用】	一般の検索サイト【ケータイ・スマホで利用】	高校内で行われる説明会やガイダンス	学校以外の会場でのガイダンスやイベント	学校のホームページ【パソコンで利用】	学校のホームページ【ケータイ・スマホで利用】	学校のパンフレットや資料	学校主催のイベント（オープンキャンパス・体験入学など）	高校の先生	塾や予備校の先生	親やその他の家族	知人・友人・先輩など	テレビ・ラジオ・新聞	駅・電車などの広告やポスター	その他	特にない
初めて知った	15.4	4.6	1.1	1.7	0.4	3.5	1.1	2.4	0.5	3.1	1.6	12.1	4.3	19.8	10.5	3.4	0.7	5.1	8.8
興味を持った	6.8	3.3	0.9	1.3	0.6	2.5	1.6	10.3	2.0	16.3	15.1	10.4	4.9	9.1	6.9	0.6	0.2	3.7	3.6
資料請求した	10.7	23.3	7.1	4.1	1.4	1.5	1.5	20.2	4.4	11.8	6.0	2.2	1.1	0.7	0.5	0.1	0.0	1.1	2.3

データ 19. 入学校の認知ルート ＜立場・男女別＞   単位 [%]

	進学情報誌	進学情報サイト【ケータイ・スマホで利用】	進学情報サイト【パソコンで利用】	一般の検索サイト【ケータイ・スマホで利用】	一般の検索サイト【パソコンで利用】	高校内で行われる説明会やガイダンス	学校以外の会場でのガイダンスやイベント	学校のホームページ【ケータイ・スマホで利用】	学校のホームページ【パソコンで利用】	学校のパンフレットや資料	学校主催のイベント（オープンキャンパス・体験入学など）	高校の先生	塾や予備校の先生	親やその他の家族	知人・友人・先輩など	テレビ・ラジオ・新聞	駅・電車などの広告やポスター	その他	特にない
初めて知った																			
高校生：男性 (n=4,797)	15.3	4.1	1.0	1.5	0.3	3.8	1.1	2.5	0.6	3.2	1.8	13.4	3.5	19.1	10.6	3.7	0.6	5.1	8.8
高校生：女性 (n=4,186)	15.3	5.1	1.2	1.8	0.4	1.3	2.0	0.4	3.3	1.5	12.0	3.7	21.0	10.8	3.0	0.9	5.2	7.9	
高校生以外：男性 (n=1,187)	17.5	4.2	0.9	1.9	0.2	2.3	0.8	2.4	0.5	2.9	1.1	8.8	7.8	18.3	9.4	4.1	0.6	4.7	11.4
高校生以外：女性 (n=533)	12.6	5.3	2.3	1.7	0.8	4.7	0.6	3.9	0.2	1.7	1.5	7.9	7.1	21.0	10.3	3.8	0.4	4.1	10.3
興味を持った																			
高校生：男性 (n=4,797)	7.2	3.6	0.8	1.2	0.5	2.8	1.4	10.0	2.1	15.7	13.0	11.5	4.6	9.2	7.6	0.7	0.2	3.8	4.0
高校生：女性 (n=4,186)	5.7	2.9	1.0	1.2	0.5	2.4	1.8	10.7	1.9	17.5	19.9	10.4	3.6	8.7	5.8	0.5	0.2	3.0	2.4
高校生以外：男性 (n=1,187)	9.8	3.9	0.9	1.7	1.0	1.6	1.8	9.3	1.9	13.6	6.7	6.9	9.4	10.2	8.3	1.0	0.3	5.2	6.7
高校生以外：女性 (n=533)	5.6	2.3	1.5	1.5	1.1	1.9	1.3	11.6	2.1	17.4	14.1	8.1	8.8	7.9	6.8	0.4	0.2	4.5	3.0
資料請求した																			
高校生：男性 (n=4,797)	10.4	22.9	5.8	4.6	1.3	1.9	1.4	21.1	4.1	12.1	5.2	2.8	0.9	0.9	0.6	0.0	0.0	1.1	2.9
高校生：女性 (n=4,186)	11.6	23.0	8.4	3.5	1.2	1.4	1.4	19.6	4.5	11.4	8.4	1.9	0.5	0.5	0.3	0.0	0.0	0.8	1.6
高校生以外：男性 (n=1,187)	9.4	25.2	6.7	5.1	1.9	0.8	1.7	19.5	5.1	11.5	2.2	1.4	3.3	0.5	0.5	0.3	0.1	1.5	3.2
高校生以外：女性 (n=533)	9.4	25.7	9.8	2.8	1.7	0.9	2.1	19.1	5.6	12.2	2.6	0.4	3.8	0.4	0.2	0.0	0.0	1.9	1.5

ここで取り上げた3つの場面は、あくまでも検討プロセスにおける例に過ぎません。また、このうち「興味を持った」「資料請求をした」の2つの場面は、後に説明する意思決定プロセスの段階との関係について定義が不十分であるという課題もあります。とはいえ、進学活動の長い意思決定プロセスにおいて、目的やメディアの特性に応じてメディアの使い分けが行われていることはどうやら確かなようです。

　この分析結果は、大学の募集広報を考えるにあたりしっかりと意識しておく必要があります。例えば、資料請求に関するメディアを取り上げてみましょう。これについては、学校側でもどのような媒体によって資料請求が行われているかどうかを把握されていることと思いますが、高校生などの受験生が資料請求に至るまでには先にみたようにいくつかの場面や段階があり、他の段階とは利用されるメディアが大きく異なります。よって、単に資料請求数を競ったり、資料請求に使われることの多いメディアを過度に重視したりするだけでは偏っており、有効な対策とはいえないことがわかります。

入学状況

　以上のようなプロセスを経て、高校生などの受験生は最終的にどのような大学を選んだのでしょうか。ここでは調査結果から、「入試方式」や「第一志望入学率」など、進学活動の結果を確認します。

　大学の入試状況はここ数十年に大きく変化したといわれます。中でも大きな変化の1つがアドミッション・オフィス（AO入試）や自己推薦入試の増加であるとされています。これらの入試制度は度々、大学生の学力低下の一因として批判の対象になってきました。

　「平成24年度 国公私立大学入学者選抜実施状況」（文部科学省）によれば、平成22年度から24年度までの国立大学入学者の全体数に対するAO入試入学者の占める割合は2.6％、2.7％、2.9％と微増で推移しています。一方、公立大学や私立大学では平成22年度から24年度まで、同じく公立大学が2.3％、1.8％、1.9％、私立大学では10.5％、10.4％、10.2％と微減傾向にあるようです。

　では、今回の調査対象者ではどのような状況となっているのでしょうか。データ20.は今回の調査対象者の入学した大学の学校種（国公立／私立）別に、入学時に利用した入試方式の割合を示したものです。国公立・私立ともに、一般入試が主流であることに変わりはないようです。AO入試や推薦入試については、国公立では公募制推薦が1割程度（11.9％）に対して、AO入試は2.5％です。私立では指定校推薦、公募制推薦がそれぞれ7.0％、9.6％で、AO入試は3.6％となっており、上述した文科省の公表データと比べてAO入試入学層がやや少ないことが確認できます。

データ 20. 入試方式 ＜国公立／私立入学者別＞

■ 一般入試　■ 指定校推薦　■ 公募制推薦など　■ AO入試　■ 内部進学（推薦・特別選抜など）　■ その他　　単位［％］

国公立大学入学者
n=2,320
84.1 / 11.9 / 2.5 / 0.6 / 0.3 / 0.6

私立大学入学者
n=8,380
77.4 / 7.0 / 9.6 / 3.6 / 1.2 / 1.3

　次に、「第一志望入学率」を確認しましょう。少子化の影響などで、18歳人口が減少しているにもかかわらず大学数は増加し続けており、選り好みしなければ誰もが大学に入学できる「大学全入時代」が到来しているといわれています。しかし、高校生などの受験生は、果たして希望した大学に入学することができているのでしょうか。

　データ 21. は、今回の調査対象者のうち大学入学者の「第一志望入学率」を示したものです。半数以上（53.9％）が第一志望の学校を選択できていないという状況が明らかで、特に私立大学入学者でその傾向が顕著になっています。また、データ 22. で立場別にみると、浪人生の 41.2％に対して現役生の第一志望入学率は 47.0％と高くなっています。意外かもしれませんが、浪人して再挑戦するからといって、誰もが希望通りの大学に進めるわけではないということかもしれません。いずれにせよ、「大学全入時代」とはいえども、実際には半数以上の受験生が希望通りの大学に入学できているわけではないことが伺えます。

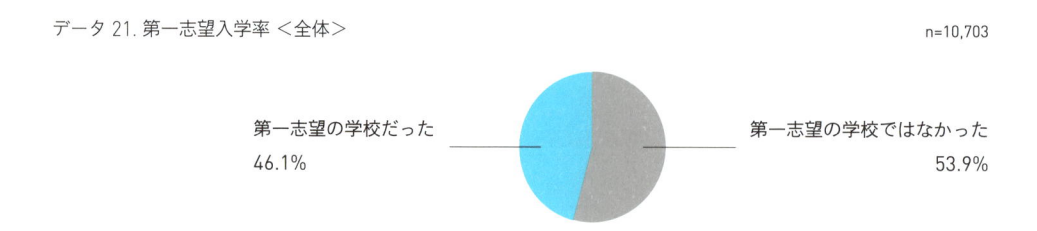

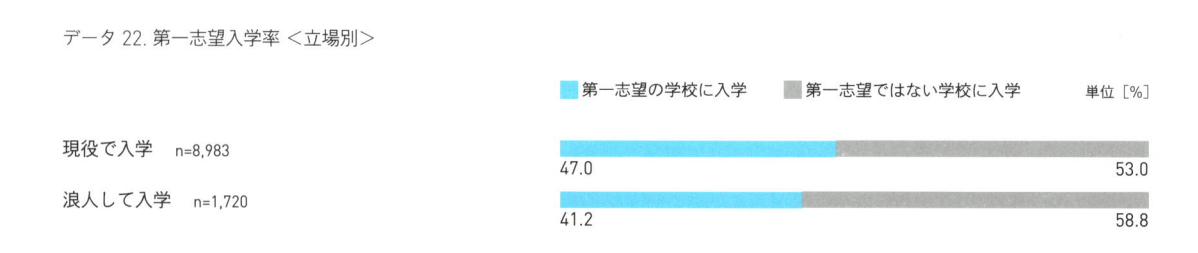

データ 21. 第一志望入学率 ＜全体＞　　n=10,703

第一志望の学校だった　46.1％
第一志望の学校ではなかった　53.9％

データ 22. 第一志望入学率 ＜立場別＞

■ 第一志望の学校に入学　■ 第一志望ではない学校に入学　　単位［％］

現役で入学　n=8,983
47.0 / 53.0

浪人して入学　n=1,720
41.2 / 58.8

データ 23. 第一志望入学率＜入学した大学のエリア・学校種別＞

■ 第一志望の学校だった　　■ 第一志望の学校ではなかった　　単位[%]

エリア	学校種別	第一志望の学校だった	第一志望の学校ではなかった
北海道	国公立（n=110）	79.1	20.9
	私立（n=142）	31.7	68.3
東北	国公立（n=183）	77.0	23.0
	私立（n=200）	36.5	63.5
関東	国公立（n=607）	81.9	18.1
	私立（n=4,386）	37.6	62.4
甲信越	国公立（n=107）	64.5	35.5
	私立（n=84）	33.3	66.7
北陸	国公立（n=84）	70.2	29.8
	私立（n=88）	27.3	72.7
東海	国公立（n=248）	78.6	21.4
	私立（n=712）	36.8	63.2
近畿	国公立（n=381）	79.3	20.7
	私立（n=1,762）	37.6	62.4
中国	国公立（n=196）	69.9	30.1
	私立（n=362）	37.3	62.7
四国	国公立（n=111）	71.2	28.8
	私立（n=59）	44.1	55.9
九州・沖縄	国公立（n=282）	72.3	27.7
	私立（n=432）	41.2	58.8
その他	国公立（n=11）	63.6	36.4
	私立（n=156）	48.1	51.9
全体	国公立（n=2,320）	76.6	23.4
	私立（n=8,383）	37.7	62.3

ところで大学進学者に対して、「他の大学ではなくその大学に決めた理由」を聞いたとしたら、彼らは何と答えるでしょうか。おそらく「家から近かったから」「立地が良かったから」「カリキュラムが良かったから」「就職率が高かったから」など、様々な理由があがってくることと予想されます。

　データ24.は、今回の調査対象者が答えた「入学を決意した理由（他校との違い）」の割合を示したものです。「授業内容・カリキュラム」が4人に1人（25.9％）と高くなっていますが、そのほかにも様々な理由があげられていて多様であることがわかります。

データ24. 入学を決意した理由（他校との違い）　　　　　　　　　　　　　　　　n=10,703

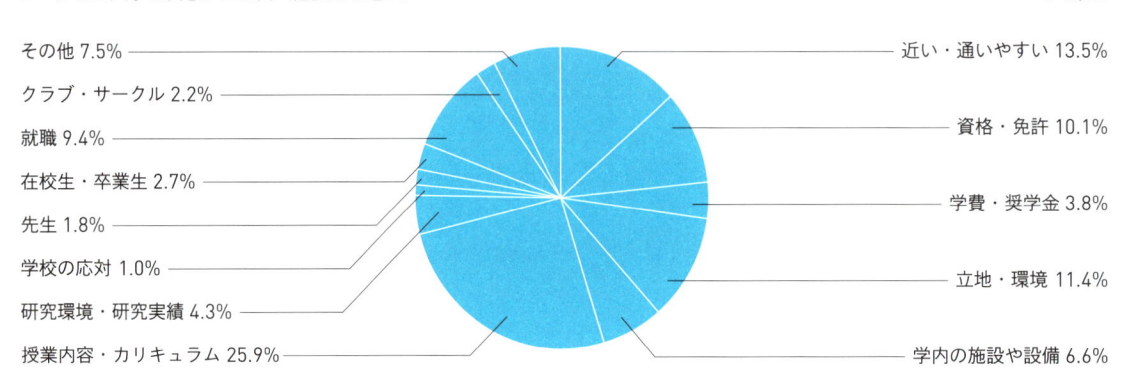

- その他 7.5%
- クラブ・サークル 2.2%
- 就職 9.4%
- 在校生・卒業生 2.7%
- 先生 1.8%
- 学校の応対 1.0%
- 研究環境・研究実績 4.3%
- 授業内容・カリキュラム 25.9%
- 近い・通いやすい 13.5%
- 資格・免許 10.1%
- 学費・奨学金 3.8%
- 立地・環境 11.4%
- 学内の施設や設備 6.6%

　ところで、この結果の解釈は実は簡単ではありません。なぜなら、繰り返し述べているように、「大学選び」には非常に長いプロセスがあるからです。ここであがった「入学を決意した理由」がプロセスのどの段階のことだったのかに十分留意せず、単純に回答数の多寡に目を奪われて優先順位をつけても、正しい解釈にはならないでしょう。また、単純にこの結果を基にすると、間違った方向性の施策を実施してしまうこともあるかもしれません。

　例えば、今回の調査結果では「近い・通いやすい」という理由は13.5％で、「授業内容・カリキュラム」の25.9％に次いで割合が高くなっています。では、なるべく交通の便の良いところに学部校舎を移転させた方が良いのでしょうか。そうともいい切れません。「近い・通いやすい」は長い検討プロセスの中でのある段階にたまたまあげられたに過ぎない理由であり、この背景には様々なプロセスや段階の変遷があるはずで、入学／非入学を分ける重要な要因はもっとほかのところにあるのかもしれないからです。

　なお、これまでの調査研究により、多様で複雑にみえる高校生などの受験生の進学活動プロセスを説明する「モデル」が、徐々に明らかになりつつあります。それは、彼らがどのような段階を経て大学を絞り込み、どのように大学のイメージを形成し、大学を選択するに至るのかというメカニズムの「モデル」です。

　この節では、検討から入学までの活動状況を確認しました。次節は、大学選択の意思決定プロセスの「モデル」についてみることにします。

2-2. 学校選択意思決定のプロセスモデル

2-2-1. 高校生の行動を説明できる「モデル」の必要性

　前節での確認の結果、「大学選び」のメカニズムを明らかにするためには、高校生などの受験生の進学活動のプロセスに注目し、その行動を説明できる「モデル」が必要であることがわかりました。単に、活動状況などの断片的な情報や意見を収集するだけでは、彼らの行動は「多様である」とみえるだけだからです。

　例えば「オープンキャンパスに参加する」という進学活動をとってみましょう。一見同じ活動でも人によって意味づけが異なることがあります。ある人にとっては、単に高校の先生にいわれて参加しているだけかもしれません。しかし、別の人にとっては大学選択の最終段階であって、中身を確かめようとして参加しているのかもしれないのです。

　それぞれの高校生などの受験生の状況に応じて必要な情報は異なり、その後の行動もまた異なります。ですから、彼らが自分に合った、適切な「大学選び」ができるしくみを考えるためには、彼らの行動を意味的に理解して説明できる「モデル」が求められるのです。

2-2-2. 多様化する進学活動、時期では行動を捉え切れない

　従来、高校生などの受験生の進学活動は"時期"で説明しようとされてきました。しかし、彼ら全員が特定の時期に一斉に進学活動を行うのではありません。進学活動の時期は人によってバラバラであり、時期だけで説明しては不十分といえましょう。

　確かに、オープンキャンパスの開催時期、願書の出願時期など、多くの受験生に共通する大きな節目となる行事はあります。しかし、「入学時」「高校3年生の夏」といったような場合、同じ時期にすべての人が同様な活動を行っているのではなく、具体的な行動や進路決定の時期、タイミングなどは人によって様々です。

　また、高校や塾の先生、親や家族など身近な人からの情報源は以前からあまり変わりませんが、昨今は進学情報誌や進学情報サイト、学校のパンフレットやホームページ、オープンキャンパスといった利用できる情報収集手段が増加しています。学校側から与えられた行事に左右されることなく、高校生などの受験生は自ら能動的に情報を収集することができるようになりました。さらに、早くから「学びたい学問やキャリアのイメージを持っている」といったモチベーションの高い人の活動時期は早まるなど、人によっては活動時期や内容がより一層多様になっているとも考えられるのです。

データ25.は、今回の調査対象者が「大学選び」のために見たり利用したりしたメディアについて、本人の主観によって複数回答で尋ねた結果です。割合が高いのは「学校のホームページ（パソコンで利用）」（73.7％）、「学校のパンフレットや資料」（67.2％）などの学校が提供するメディアの他、「進学情報誌」（65.9％）、「進学情報サイト（パソコンで利用）」（60.2％）などの集合メディア、「一般の検索サイト（パソコンで利用）」（47.6％）、「高校の先生」（52.8％）や「親やその他の家族」（47.6％）などの口コミも高く、多様なメディアを利用していることが確認できます。

データ25.「大学選び」のために見たり利用したメディア（MA）＜全体＞

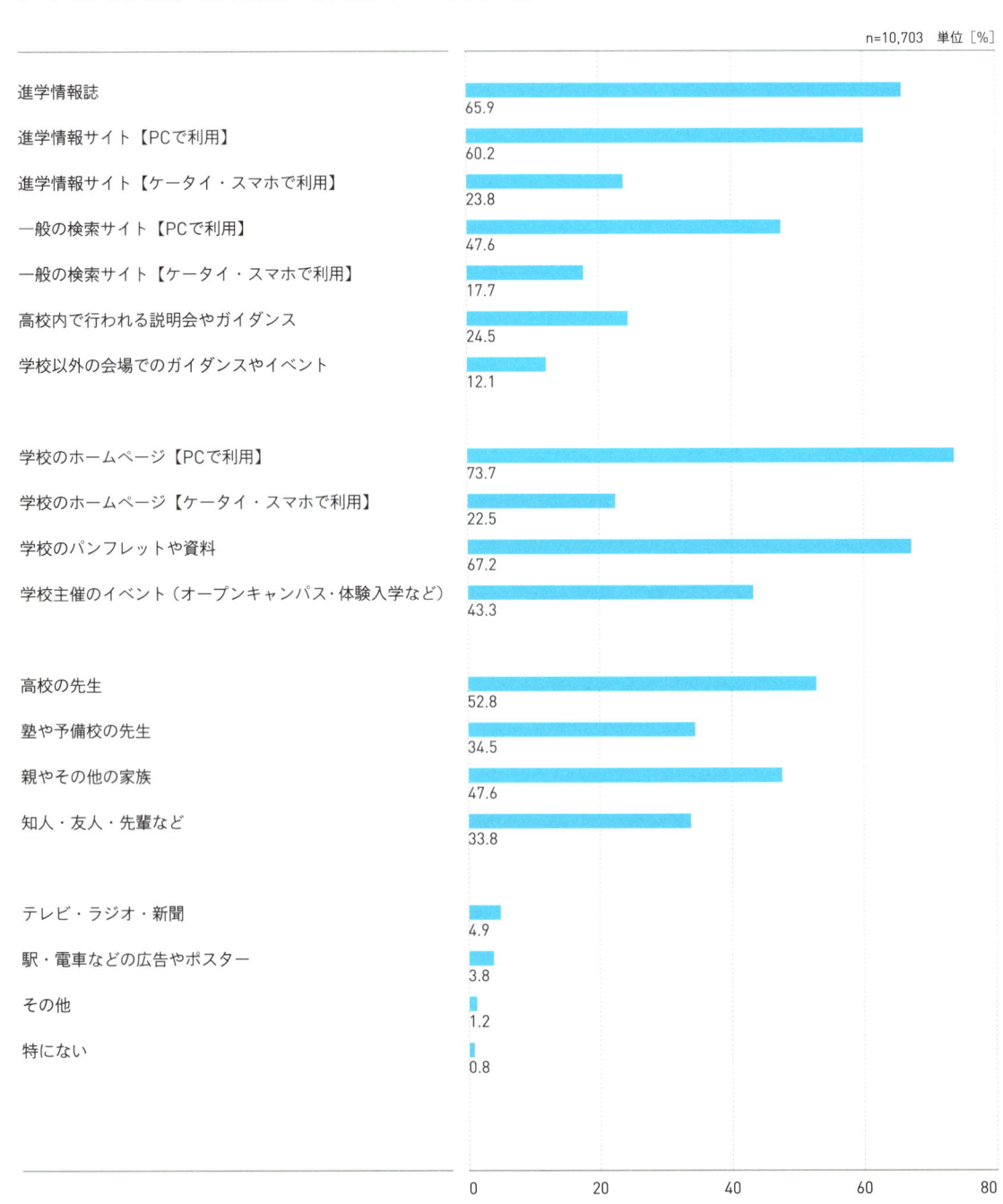

n=10,703　単位［％］

項目	％
進学情報誌	65.9
進学情報サイト【PCで利用】	60.2
進学情報サイト【ケータイ・スマホで利用】	23.8
一般の検索サイト【PCで利用】	47.6
一般の検索サイト【ケータイ・スマホで利用】	17.7
高校内で行われる説明会やガイダンス	24.5
学校以外の会場でのガイダンスやイベント	12.1
学校のホームページ【PCで利用】	73.7
学校のホームページ【ケータイ・スマホで利用】	22.5
学校のパンフレットや資料	67.2
学校主催のイベント（オープンキャンパス・体験入学など）	43.3
高校の先生	52.8
塾や予備校の先生	34.5
親やその他の家族	47.6
知人・友人・先輩など	33.8
テレビ・ラジオ・新聞	4.9
駅・電車などの広告やポスター	3.8
その他	1.2
特にない	0.8

データ 26.「大学選び」のために見たり利用したメディア（MA）＜立場・男女別＞

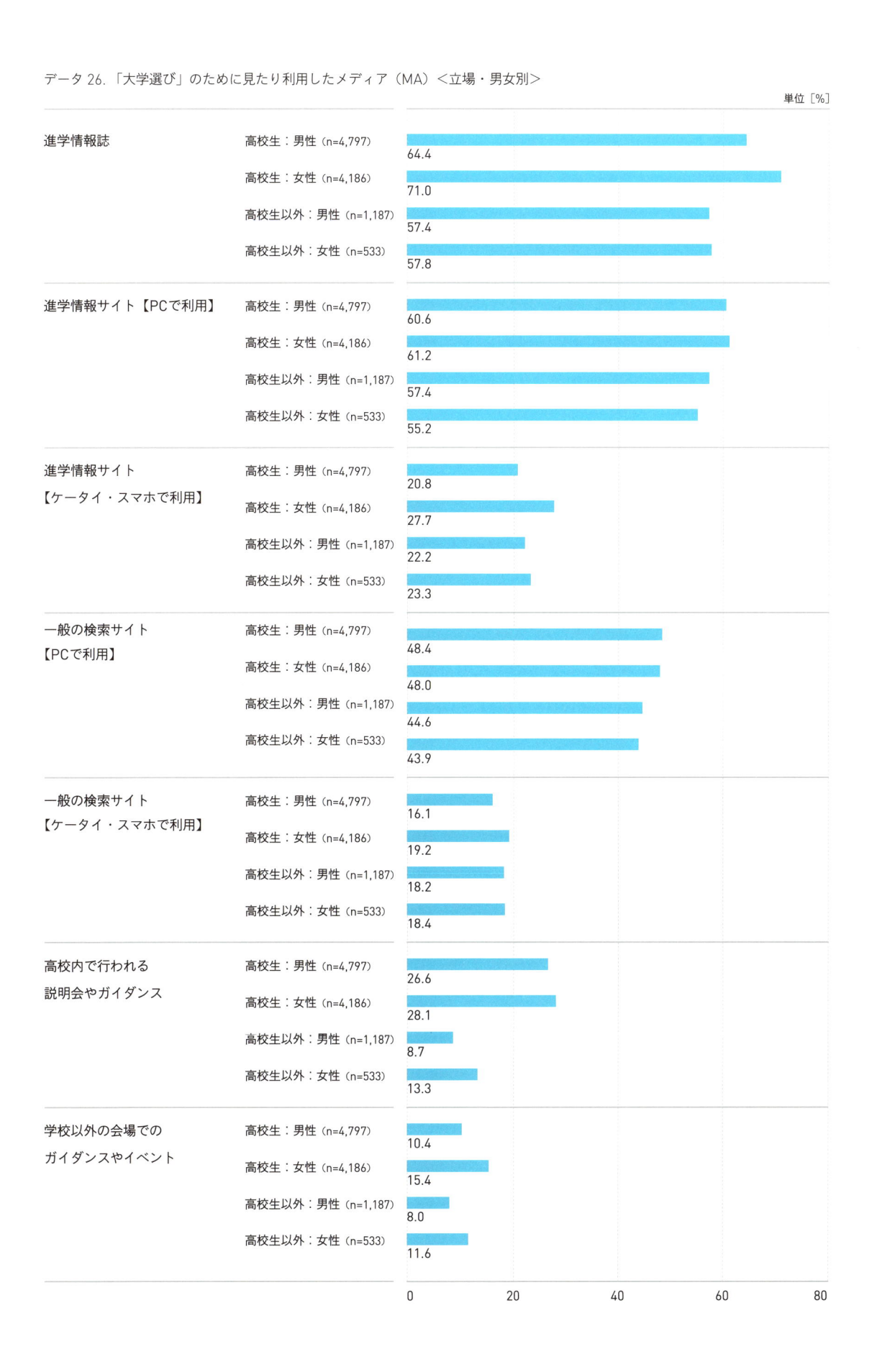

単位［％］

メディア	区分	％
進学情報誌	高校生：男性（n=4,797）	64.4
	高校生：女性（n=4,186）	71.0
	高校生以外：男性（n=1,187）	57.4
	高校生以外：女性（n=533）	57.8
進学情報サイト【PCで利用】	高校生：男性（n=4,797）	60.6
	高校生：女性（n=4,186）	61.2
	高校生以外：男性（n=1,187）	57.4
	高校生以外：女性（n=533）	55.2
進学情報サイト【ケータイ・スマホで利用】	高校生：男性（n=4,797）	20.8
	高校生：女性（n=4,186）	27.7
	高校生以外：男性（n=1,187）	22.2
	高校生以外：女性（n=533）	23.3
一般の検索サイト【PCで利用】	高校生：男性（n=4,797）	48.4
	高校生：女性（n=4,186）	48.0
	高校生以外：男性（n=1,187）	44.6
	高校生以外：女性（n=533）	43.9
一般の検索サイト【ケータイ・スマホで利用】	高校生：男性（n=4,797）	16.1
	高校生：女性（n=4,186）	19.2
	高校生以外：男性（n=1,187）	18.2
	高校生以外：女性（n=533）	18.4
高校内で行われる説明会やガイダンス	高校生：男性（n=4,797）	26.6
	高校生：女性（n=4,186）	28.1
	高校生以外：男性（n=1,187）	8.7
	高校生以外：女性（n=533）	13.3
学校以外の会場でのガイダンスやイベント	高校生：男性（n=4,797）	10.4
	高校生：女性（n=4,186）	15.4
	高校生以外：男性（n=1,187）	8.0
	高校生以外：女性（n=533）	11.6

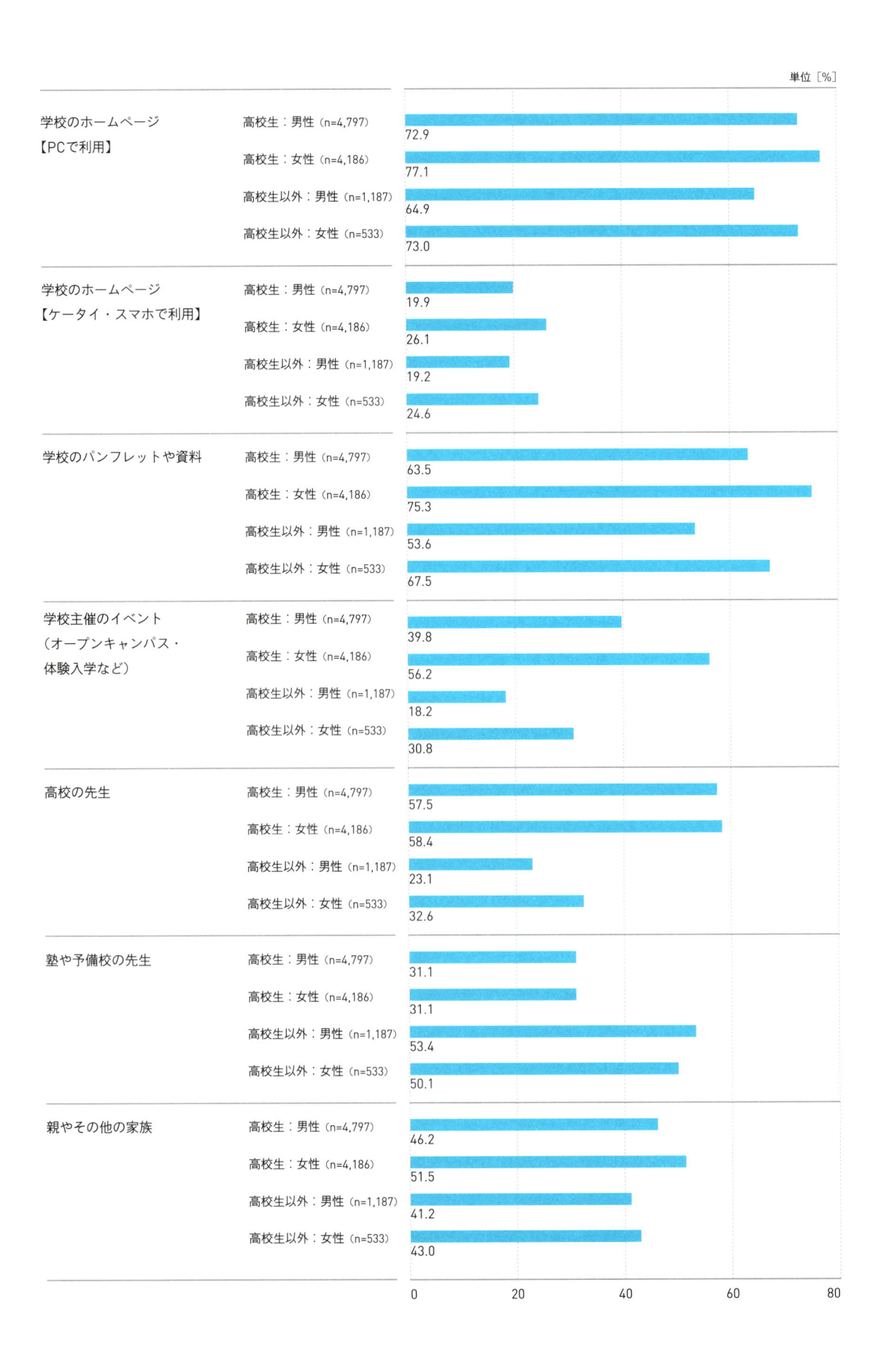

単位 [%]

項目	区分	値
学校のホームページ【PCで利用】	高校生：男性 (n=4,797)	72.9
	高校生：女性 (n=4,186)	77.1
	高校生以外：男性 (n=1,187)	64.9
	高校生以外：女性 (n=533)	73.0
学校のホームページ【ケータイ・スマホで利用】	高校生：男性 (n=4,797)	19.9
	高校生：女性 (n=4,186)	26.1
	高校生以外：男性 (n=1,187)	19.2
	高校生以外：女性 (n=533)	24.6
学校のパンフレットや資料	高校生：男性 (n=4,797)	63.5
	高校生：女性 (n=4,186)	75.3
	高校生以外：男性 (n=1,187)	53.6
	高校生以外：女性 (n=533)	67.5
学校主催のイベント（オープンキャンパス・体験入学など）	高校生：男性 (n=4,797)	39.8
	高校生：女性 (n=4,186)	56.2
	高校生以外：男性 (n=1,187)	18.2
	高校生以外：女性 (n=533)	30.8
高校の先生	高校生：男性 (n=4,797)	57.5
	高校生：女性 (n=4,186)	58.4
	高校生以外：男性 (n=1,187)	23.1
	高校生以外：女性 (n=533)	32.6
塾や予備校の先生	高校生：男性 (n=4,797)	31.1
	高校生：女性 (n=4,186)	31.1
	高校生以外：男性 (n=1,187)	53.4
	高校生以外：女性 (n=533)	50.1
親やその他の家族	高校生：男性 (n=4,797)	46.2
	高校生：女性 (n=4,186)	51.5
	高校生以外：男性 (n=1,187)	41.2
	高校生以外：女性 (n=533)	43.0

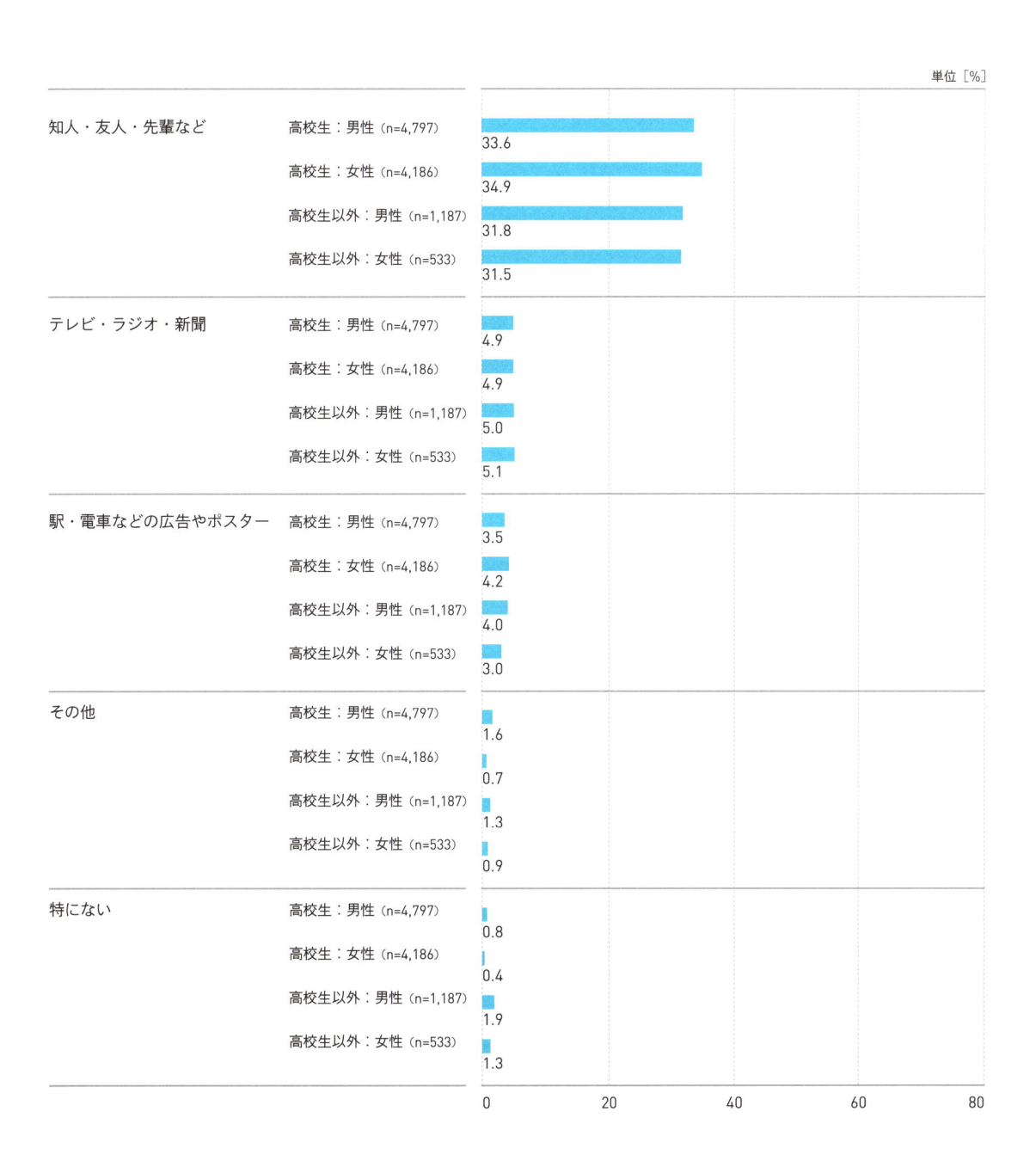

単位 [%]

項目	区分	%
知人・友人・先輩など	高校生：男性 (n=4,797)	33.6
	高校生：女性 (n=4,186)	34.9
	高校生以外：男性 (n=1,187)	31.8
	高校生以外：女性 (n=533)	31.5
テレビ・ラジオ・新聞	高校生：男性 (n=4,797)	4.9
	高校生：女性 (n=4,186)	4.9
	高校生以外：男性 (n=1,187)	5.0
	高校生以外：女性 (n=533)	5.1
駅・電車などの広告やポスター	高校生：男性 (n=4,797)	3.5
	高校生：女性 (n=4,186)	4.2
	高校生以外：男性 (n=1,187)	4.0
	高校生以外：女性 (n=533)	3.0
その他	高校生：男性 (n=4,797)	1.6
	高校生：女性 (n=4,186)	0.7
	高校生以外：男性 (n=1,187)	1.3
	高校生以外：女性 (n=533)	0.9
特にない	高校生：男性 (n=4,797)	0.8
	高校生：女性 (n=4,186)	0.4
	高校生以外：男性 (n=1,187)	1.9
	高校生以外：女性 (n=533)	1.3

2-2-3.
「大学選び」の意思決定プロセスに3つの段階がある

　株式会社応用社会心理学研究所では、15年にわたり行ってきた高校生等を対象とした進路決定研究により、「大学選び」を"時期"ではなく、"プロセス"として捉えることで、雑然と理解されてきた「大学選び」の在り方を整理しています。

　「大学選び」で入学校を決定するに至るまでには多くの段階がありますし、また人によってその活動状況は異なります。しかしその中でも、「大学選び」を理解するために特に重要と考えられるのが図2.のような3つの段階です。この3つの段階は多くの高校生などの受験生が経験していると考えられます。

図2.「大学選び」のプロセスの3段階

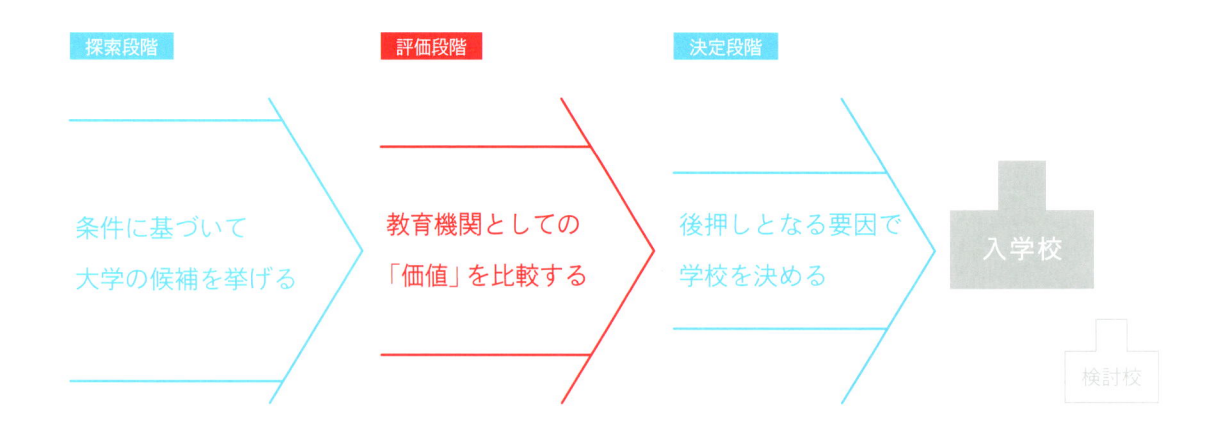

探索段階　　　　　　　評価段階　　　　　　　決定段階

条件に基づいて　　　教育機関としての　　　後押しとなる要因で　　　入学校
大学の候補を挙げる　「価値」を比較する　　学校を決める
　　　　　　　　　　　　　　　　　　　　　　　　　　　　　　　　　検討校

探索段階

　探索段階は、"条件"に基づいて大学の候補を挙げていく段階です。「偏差値」、国公立／私立などの「学校種」、文系／理系や国際系、医学系などの「分野」といった"条件"で入学校の候補となる大学をある程度絞り込んだり、様々な情報に触れながら"条件"に合う大学を発見したりします。

　この段階の高校生などの受験生は、まだ具体的に大学というものをイメージすることができていない場合があり、具体的な目的を描き切れているという人は少ないと考えられます。また、自分が「どのようなことを学びたいのか」「卒業後どのような仕事や分野に進みたいのか」といった将来像も希薄である場合があります。この後様々な情報に触れるなどの進学活動を通して、このような将来像や進学動機も醸成されていくと考えられます。

　この段階で利用されやすいメディアは、多くの大学情報を1つに集約していたり、進学活動の方法や自分に合う学問・キャリアの選び方などのガイド機能を備えていたりするものです。例えば、「進学情報誌」や「進学情報サイト」「ガイダンス」などが代表的なメディアとしてあげられます。

評価段階

　評価段階は、高校生などの受験生が候補に絞り込んだ大学について教育機関としての「価値」を彼らなりに比較する段階です。この段階では、周囲にある様々な断片的情報を基に彼らなりに教育機関としての大学の「価値」を感じとり、評価していきます。自分にとっての「価値」や他の大学との違いなどについて詳細に比較検討するのですが、ここでは探索段階で考慮されていた「偏差値」や「学校種」「分野」など"条件"の違いは背景に退き、あまり考慮されなくなります。

　この段階で利用されやすいメディアは、教育カリキュラムや研究の内容、設備、学校内外の環境、学生の雰囲気、就職状況といった個別の大学の詳細情報が得られるメディアです。例えば、「大学のパンフレット」や「大学のホームページ」「オープンキャンパス」などが代表的なものとして挙げられます。

データ 27. 出願や入学を検討した大学のオープンキャンパス参加状況

参加した人としていない人の割合　n=10,703

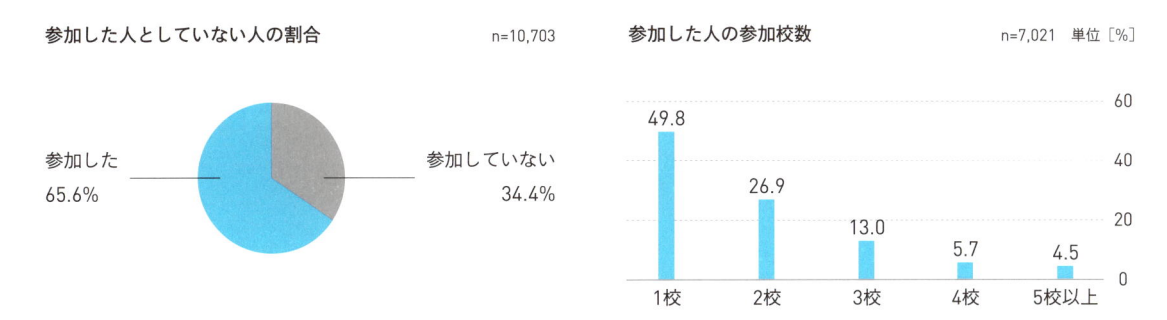

- 参加した 65.6%
- 参加していない 34.4%

参加した人の参加校数　n=7,021　単位[%]

- 1校：49.8
- 2校：26.9
- 3校：13.0
- 4校：5.7
- 5校以上：4.5

※入学した大学のオープンキャンパスの参加も含めた数値。

データ 28. オープンキャンパス参加の有無と第一志望入学率の関係

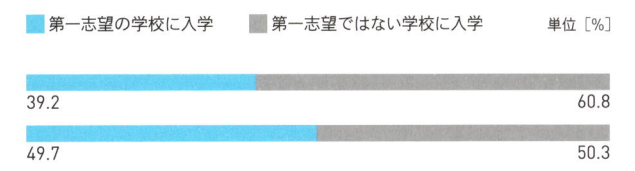

　　　　　　　　　　　　　　　第一志望の学校に入学　　第一志望ではない学校に入学　　単位[%]

	第一志望の学校に入学	第一志望ではない学校に入学
オープンキャンパスに参加していない　n=3,682	39.2	60.8
オープンキャンパスに参加した　n=7,021	49.7	50.3

データ 29. 入学校のメディア評価＜学校種別＞

凡例: ■非常にそう思う　■ややそう思う　■どちらとも言えない　■あまりそう思わない　■まったくそう思わない　　単位[%]

パンフレット

区分	n	非常にそう思う	ややそう思う	どちらとも言えない	あまりそう思わない	まったくそう思わない
国公立大学	2,077	21.4	48.7	24.0	5.2	0.8
私立大学	7,826	25.0	50.5	20.5	3.4	0.6
全体	9,903	24.2	50.1	21.2	3.8	0.6

ホームページ

区分	n	非常にそう思う	ややそう思う	どちらとも言えない	あまりそう思わない	まったくそう思わない
国公立大学	2,158	15.1	43.2	33.0	7.5	1.2
私立大学	7,745	17.2	46.1	30.2	5.6	0.9
全体	9,903	16.7	45.5	30.8	6.0	1.0

オープンキャンパス

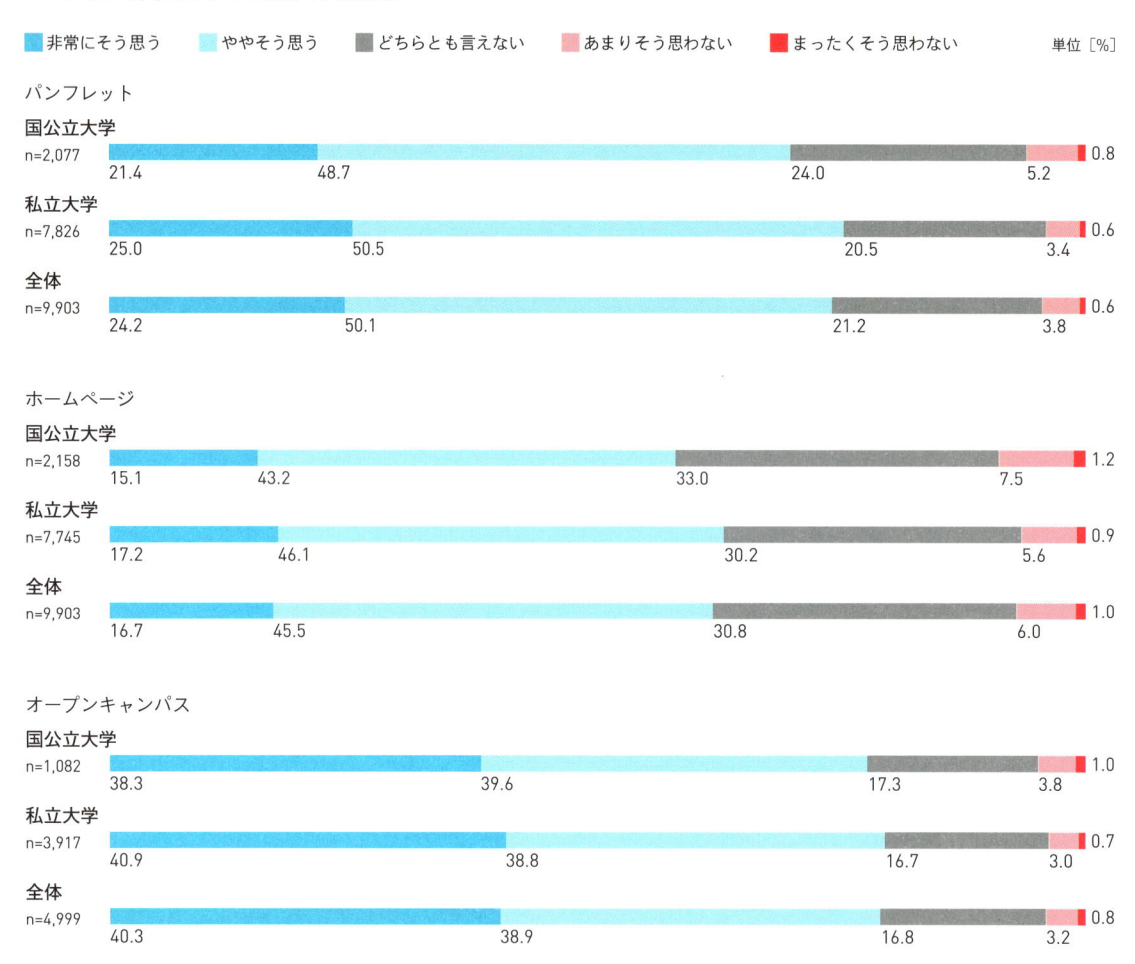

区分	n	非常にそう思う	ややそう思う	どちらとも言えない	あまりそう思わない	まったくそう思わない
国公立大学	1,082	38.3	39.6	17.3	3.8	1.0
私立大学	3,917	40.9	38.8	16.7	3.0	0.7
全体	4,999	40.3	38.9	16.8	3.2	0.8

決定段階

　決定段階は、後押しとなる要因で学校を決める段階です。多くの場合、評価段階での価値の差で入学校が決定されますが、価値に大きな差がない場合や価値を感じられなかった場合には、周囲の人物の推奨や検討している大学のわずかな違いが後押しとなることがあります。ただし、ここで後押しとなる事柄はその受験生一人ひとりの状況によって多様で異なると考えられます（第2章P.32のグラフ参照：入学を決意した理由の分布）。

2-2-4.
「大学選び」の意思決定プロセスに合わせて大学がすべきこと

　ここまで「大学選び」の意思決定の段階をみてきましたが、高校生などの受験生に適切な選択を促すためには、大学は各段階に合わせて彼らと適切なコミュニケーションをとることが重要です。大学探しをはじめたばかりの段階と、いくつかの大学を比較検討している段階では確認したいことや気になることは違っており、それぞれの段階によって彼らにとって必要な情報は異なってきます。大学は、高校生などの受験生が十分かつ適切な情報を各段階で得られるようなしくみが必要であるということを意識し、それぞれの段階にいる彼らをイメージしてコミュニケーションをとる必要があるのではないでしょうか。

　特に、大学にとって重要になるのは、比較段階におけるコミュニケーションだと考えられます。なぜなら、せっかく入学する学校の候補として絞り込んでもらえたとしても、この段階で「価値」を感じてもらえないと、いくら資源を投入して大学の認知度を向上させたり、リストを増やしたりしても、最終的には検討対象から外されてしまうからです。そのため、学校側には自校の「価値」を整理し、他校と違う「価値」を位置づけ、それらを正しく伝えるよう努力をすることが求められるのではないでしょうか。偏差値や価格に縛られず、また教育と広報が一体となるためにはこの「価値」の位置づけと「伝達」こそが、最も重要なポイントになると考えられます。

2-2-5.
「キャリア選択」の一環としての「大学選び」

　高校生などの受験生にとって、「大学選び」は「キャリア選択」の一環であるともいえます。

　例えば、探索段階において彼らは「偏差値」や「学校種」「分野」などの"条件"によって学校を探しますが、まだ彼らの中で進みたい分野や学びたいことのイメージが必ずしも固まっているわけではありません。もし、数学が好きなので当初は理学部に進学しようと考えていたとしても、"数学を応用すること"が実は好きなことが後でわかり、進学先を工学部や経済学部、心理学部に変更するなどということは往々にしてあります。あるいは、具体的に大学を調べる中で、まったく知らなかった学問分野に出合うということもあり得るでしょう。

　このような高校生などの受験生に対して、単なる学生集めのプロモーションではなく、自校の「価値」を正しく伝えようとすることは、進路選択のガイドにもなるのではないでしょうか。例えば、その分野に進むと具体的にどのようなことを学ぶのか、どのような将来がひらかれるのかなど、大学から高校生に向けた進路選択をサポートするような情報提供のあり方です。そのような働きかけやコミュニケーションがその学問への興味を高め、ひいてはその大学のその学部への興味の高まりにもつながるのではないでしょうか。

　それでは、高校生などの受験生は、大学の「価値」をどのようなメカニズムで感じているのでしょうか。また、感じているとしたら、それらをどこまで正しく把握できているのでしょうか。これらの「価値」の印象形成のメカニズムについては次章で詳細を説明します。

参考データ①

オープンキャンパス参加状況の地域差

　データ30.では、出願や入学を検討した（入学校も含む）大学へのオープンキャンパス参加状況を、調査対象者のこの春までの居住地別に比較しました。データ31.では、入学した大学へのオープンキャンパス参加状況を、大学の所在地（入学時学部校舎）別に比較しました。

データ30. 出願や入学を検討した学校への
オープンキャンパス参加率 ＜この春までの居住地別＞

ランク	居住都道府県	率(%)
1	群馬県	75.0
2	神奈川県	74.4
3	埼玉県	73.7
4	千葉県	73.4
5	東京都	73.1
6	滋賀県	72.3
7	宮城県	70.5
8	岡山県	69.4
9	大阪府	68.4
10	京都府	67.9
11	福井県	67.8
12	静岡県	67.7
13	香川県	67.6
14	茨城県	67.0
15	奈良県	66.9
16	熊本県	66.7
17	山形県	66.3
18	岐阜県	66.2
19	栃木県	65.3
20	兵庫県	65.2
21	山口県	65.2
22	長野県	62.8
23	三重県	62.7
24	秋田県	62.0
25	青森県	61.3
26	山梨県	60.3
27	新潟県	60.2
28	広島県	59.8
29	愛媛県	59.4
30	福島県	59.1
31	佐賀県	58.5
32	北海道	58.1
33	岩手県	58.1
34	大分県	57.8
35	徳島県	57.7
36	愛知県	57.1
37	福岡県	56.0
38	石川県	53.2
39	和歌山県	51.8
40	島根県	50.0
41	長崎県	48.4
42	富山県	47.9
43	沖縄県	47.8
44	高知県	47.2
45	鳥取県	45.5
46	鹿児島県	44.3
47	宮崎県	42.1

データ31. 入学した学校の
オープンキャンパス参加率 ＜入学時学部校舎所在地別＞

ランク	所在都道府県	率(%)
1	青森県	58.7
2	群馬県	55.6
3	宮城県	54.5
4	岐阜県	54.1
5	新潟県	53.3
6	東京都	50.9
7	奈良県	50.7
8	秋田県	50.0
9	和歌山県	50.0
10	広島県	49.6
11	愛媛県	48.0
12	岡山県	47.9
13	大阪府	47.5
14	静岡県	47.2
15	京都府	47.0
16	兵庫県	46.3
17	茨城県	46.2
18	福岡県	45.7
19	愛知県	45.3
20	長野県	44.7
21	神奈川県	44.2
22	熊本県	44.1
23	高知県	44.0
24	埼玉県	43.7
25	千葉県	43.6
26	北海道	43.3
27	福井県	40.9
28	滋賀県	40.8
29	山梨県	40.7
30	三重県	40.4
31	岩手県	40.0
32	大分県	40.0
33	香川県	38.9
34	徳島県	38.2
35	長崎県	38.1
36	山形県	37.2
37	鹿児島県	36.7
38	沖縄県	36.7
39	佐賀県	36.4
40	島根県	35.0
41	富山県	34.5
42	石川県	33.9
43	宮崎県	33.3
44	山口県	30.0
45	栃木県	28.6
46	鳥取県	28.0
47	福島県	23.5

参考データ②

学生の流出・流入状況

どのエリアに居住していた高校生などの受験生がどのエリアの大学に進学したのか、学生の流出・流入状況を確認しました。

データ32.は「流出状況」を示しており、「この春までの居住地」別に「入学時のエリア」の割合を示しています（数値は横パーセント）。例えば、「『北海道』エリアの学生のうち62.6％は同じ『北海道』エリアに歩留りしているが、20.4％は『関東』エリアに流出している」という読み方をします。データ33.は「流入状況」を示しており、「入学時エリア」の学生がどこのエリアから流入してきたのかの割合を示しています（数値は縦パーセント）。例えば、「『北海道』エリアの学生のうち67.1％は同じ『北海道』エリアに居住していた学生であるが、11.9％は『関東』エリアから流入してきた学生である」という読み方をします。また、データ34.・35.では、「流出状況」「流入状況」の都道府県別のランキングを示しました。

データ32. 学生の流出／歩留り状況 ＜この春までの居住地別＞　横パーセント

		入学時のエリア											
		北海道	東北	関東	甲信越	北陸	東海	近畿	中国	四国	九州・沖縄	その他	全体	n数
この春までの居住地	北海道	62.6%	5.2%	20.4%	2.2%	1.5%	0.0%	3.7%	1.1%	0.0%	1.1%	2.2%	100.0%	270
	東北	3.1%	47.3%	38.9%	2.9%	0.3%	0.5%	3.1%	0.2%	0.0%	0.0%	3.6%	100.0%	583
	関東	0.8%	1.3%	92.4%	1.1%	0.3%	0.7%	1.2%	0.1%	0.1%	0.5%	1.6%	100.0%	3,861
	甲信越	0.4%	3.1%	61.1%	20.3%	4.1%	4.8%	4.4%	0.2%	0.2%	0.2%	1.1%	100.0%	458
	北陸	0.8%	1.1%	27.4%	2.3%	32.3%	12.0%	22.6%	1.1%	0.0%	0.4%	0.0%	100.0%	266
	東海	0.8%	0.8%	23.6%	1.4%	2.1%	56.6%	11.8%	0.8%	0.2%	1.0%	0.9%	100.0%	1,443
	近畿	0.6%	0.4%	7.4%	0.1%	0.8%	1.8%	81.9%	2.7%	1.6%	1.1%	1.6%	100.0%	1,802
	中国	0.5%	0.3%	11.9%	0.1%	0.1%	1.2%	22.0%	50.1%	1.6%	6.2%	5.8%	100.0%	755
	四国	0.3%	0.3%	18.1%	0.6%	0.6%	1.6%	27.2%	18.8%	25.9%	5.5%	1.0%	100.0%	309
	九州・沖縄	0.4%	0.3%	16.9%	0.1%	0.1%	1.4%	9.7%	5.3%	0.5%	63.5%	1.7%	100.0%	937
	その他	0.0%	5.3%	68.4%	0.0%	0.0%	0.0%	10.5%	0.0%	5.3%	5.3%	5.3%	100.0%	19
	全体	2.4%	3.6%	46.7%	1.8%	1.6%	9.0%	20.0%	5.2%	1.6%	6.7%	1.6%	100.0%	10,703

データ33. 学生の流入状況 ＜入学時のエリア別＞　縦パーセント

		入学時のエリア											
		北海道	東北	関東	甲信越	北陸	東海	近畿	中国	四国	九州・沖縄	その他	全体
この春までの居住地	北海道	67.1%	3.7%	1.1%	3.1%	2.3%	0.0%	0.5%	0.5%	0.0%	0.4%	3.6%	2.5%
	東北	7.1%	72.1%	4.5%	8.9%	1.2%	0.3%	0.8%	0.2%	0.0%	0.0%	12.6%	5.4%
	関東	11.9%	13.1%	71.4%	22.5%	6.4%	2.8%	2.1%	0.5%	2.9%	2.5%	37.1%	36.1%
	甲信越	0.8%	3.7%	5.6%	48.7%	11.0%	2.3%	0.9%	0.2%	0.6%	0.1%	3.0%	4.3%
	北陸	0.8%	0.8%	1.5%	3.1%	50.0%	3.3%	2.8%	0.5%	0.0%	0.1%	0.0%	2.5%
	東海	4.4%	2.9%	6.8%	10.5%	18.0%	85.1%	7.9%	2.2%	1.8%	2.0%	7.8%	13.5%
	近畿	4.4%	2.1%	2.7%	1.0%	8.1%	3.3%	68.9%	8.8%	16.5%	2.8%	16.8%	16.8%
	中国	1.6%	0.5%	1.8%	0.5%	1.2%	0.9%	7.7%	67.7%	27.6%	6.2%	7.2%	7.1%
	四国	0.4%	0.3%	1.1%	1.0%	1.2%	0.5%	3.9%	10.4%	47.1%	2.4%	1.8%	2.9%
	九州・沖縄	1.6%	0.8%	3.2%	0.5%	0.6%	1.4%	4.2%	9.0%	2.9%	83.3%	9.6%	8.8%
	その他	0.0%	0.3%	0.3%	0.0%	0.0%	0.1%	0.0%	0.0%	0.6%	0.1%	0.6%	0.2%
	全体	100.0%	100.0%	100.0%	100.0%	100.0%	100.0%	100.0%	100.0%	100.0%	100.0%	100.0%	100.0%
	n数	252	383	4,993	191	172	960	2,143	558	170	714	167	10,703

データ 34. 学生の流出率 県別ランキング

ランク	都道府県	率(%)
1	鳥取県	94.5
2	栃木県	92.9
3	和歌山県	92.8
4	佐賀県	92.5
5	奈良県	91.0
6	富山県	90.6
7	高知県	90.6
8	島根県	90.3
9	山口県	90.2
10	香川県	90.1
11	福島県	89.1
12	滋賀県	87.9
13	長野県	87.9
14	三重県	87.3
15	茨城県	86.7
16	福井県	86.4
17	岐阜県	86.1
18	群馬県	83.1
19	長崎県	82.8
20	埼玉県	82.2
21	山梨県	82.2
22	山形県	81.4
23	静岡県	81.2
24	大分県	80.7
25	鹿児島県	79.7
26	宮崎県	78.9
27	徳島県	78.8
28	千葉県	78.7
29	秋田県	78.5
30	新潟県	78.0
31	沖縄県	77.6
32	愛媛県	75.2
33	岩手県	74.2
34	青森県	72.5
35	石川県	72.1
36	神奈川県	68.0
37	京都府	66.1
38	兵庫県	62.2
39	広島県	57.4
40	大阪府	57.3
41	岡山県	56.8
42	熊本県	55.8
43	宮城県	51.2
44	福岡県	45.9
45	愛知県	37.7
46	北海道	37.4
47	東京都	36.9

データ 35. 学生の流入率 県別ランキング

ランク	都道府県	率(%)
1	京都府	88.5
2	鳥取県	88.0
3	滋賀県	86.4
4	奈良県	82.1
5	佐賀県	81.8
6	栃木県	81.0
7	香川県	80.6
8	高知県	80.0
9	和歌山県	78.6
10	福島県	76.5
11	山梨県	75.9
12	石川県	74.4
13	茨城県	73.9
14	東京都	73.5
15	埼玉県	73.1
16	山口県	72.5
17	神奈川県	71.6
18	千葉県	70.7
19	富山県	69.0
20	徳島県	67.6
21	大阪府	65.3
22	島根県	65.0
23	三重県	63.8
24	福井県	63.6
25	岡山県	63.3
26	山形県	62.8
27	長崎県	61.9
28	岩手県	60.0
29	宮崎県	59.0
30	群馬県	57.1
31	岐阜県	56.8
32	愛媛県	56.0
33	熊本県	55.1
34	新潟県	54.4
35	大分県	54.3
36	兵庫県	53.1
37	秋田県	52.8
38	青森県	52.2
39	宮城県	51.5
40	福岡県	50.3
41	沖縄県	50.0
42	長野県	48.9
43	鹿児島県	46.7
44	広島県	45.0
45	静岡県	43.1
46	愛知県	38.5
47	北海道	32.9

第3章
入学する大学の「価値」

3-1. 入学する大学はどのように選ばれるのか
3-1-1. 自分にとって「価値」が高いと感じた大学に入学する
3-1-2. 人が感じる「価値」の多層構造

3-2. 高校生が大学の「価値」を感じる重要な視点
3-2-1. 大学の評価に直結する重要な「3つの視点」
3-2-2. 「3つの視点」の「価値」が高いと感じた大学に入学を決める
3-2-3. 個別の評価が高くても、それだけでは大学の「価値」にはならない

3-3. 高校生にとっての大学の個性とは何か
3-3-1. 大学が持つ資源は多様である
3-3-2. 高校生が感じる大学の個性はいかにして形成されるのか
3-3-3. 「価値」を基にして実現できる、より良い「大学選び」
参考データ③　短期大学の「価値」

3-1. 入学する大学はどのように選ばれるのか

3-1-1.
自分にとって「価値」が高いと感じた大学に入学する

　高校生などの受験生は、進学活動プロセスにおける段階のうち、「評価段階」で彼らなりに大学の「価値」の比較をしていると考えられています（第2章P.39参照）。では、この「価値」を比較するとはいったいどのようなことなのでしょうか。

　どの大学も元々、それぞれ異なる性質や特徴を持っています。「大学はどれも同じ」ということはありません。特に、大学数が増加し、偏差値や難易度だけで大学を選ぶことが難しくなった近年では、「大学の個性化」が求められ、大学はよりいっそう独自性や特徴を持つべく変容を迫られています。

　このように大学がそれぞれの異なる性質や特徴を持っている一方で、大学を選ぶ側の高校生などの受験生も、一人ひとりが個性や特徴を持っています。それゆえ、大学が持つ個性や特徴といったものが、どの高校生にとっても「良い」ものであるとか、「悪い」ものであるなどと一概にいうことはできません。例えば、サークルやクラブ活動が活発なある大学は、部活をがんばりたいと思っている人にとってはとても魅力的に感じられる一方、部活はせず勉学に集中したい人にとってはあまり魅力的ではないかもしれません。人によって同じものごとでも良し悪しの判断は異なってきます。

　しかし、ここで重要なことは、高校生などの受験生は彼らなりに、その大学が持つ様々な性質を知った上で、その大学に進学することは自分にとってどれくらい「価値」が高いかを評価しているという点です（第3章P.55のグラフ参照：入学志望度別の価値の評価）。何に「価値」を感じるかは一人ひとり異なりますが、彼らはそれぞれに「価値」があると感じた大学に入学を決めているのです。

3-1-2.
人が感じる「価値」の多層構造

　上述したように、大学が持つ性質一つひとつについての「良い」「悪い」の判断は高校生各々によって異なると考えられます。しかし、総じて大学の「価値」をどのように感じるのか、どのような要素から感じるのかという点については、大多数の人にある程度共通する基準のようなものがあると考えられます。教育や広報などの現場では、そのようなものを感覚的には捉えている方もいらっしゃるかもしれません。ただし、それは言葉では表現しきれない曖昧なものであることが多く、なかなか明確化することは難しいのではないでしょうか。

　このような、大学の「価値」の印象形成を考えるにあたって重要なことは、「価値」を感じる一般的な構造を明らかにすることです。ここでは「構造」という言葉を使いましたが、これは高校生などの受験生が大学に「価値」を感じるメカニズムがどのような構成要素で成り立ち、かつその構成要素同士がどのような関連を持っているのかということを意味します。ただ、「大学の価値の構造」を最初から述べてもわかりにくいと思いますので、理解しやすいごく身近な例として「自動車」を取り上げて考えてみます。

　自動車には、エンジンの馬力やボディに使われているネジ、タイヤ、シート、ブレーキシステムなどをはじめ、様々な個別の具体的な要素があります。しかし、自動車を購入するにあたって、こうした具体的な要素をすべて確認する人は少ないはずです。すべてを確認しなくても、自動車の「良い」「悪い」を判断し、購入してしまうことが多いのではないでしょうか。このとき、具体的な要素をすべて確認していないから検討が不十分だという認識はあまりないと思います。

　これはなぜかというと、人は多くの情報の一つひとつに関して論理的に精査してから意思決定するのではなく、限られた情報から全体を類推するという行為をしているからです。単に、「エアバッグ」があるからという理由で自動車の購入を決定するのではなく、「エアバッグ」や「衝突回避システム」という個別の具体的な要素を手がかりに、「この車は安全だ」という印象を形成し、すべての要素を確認しなくてもそのイメージで自動車の良し悪しを評価していることになります。

　図3.に示した「安全性」「経済性」「居住性」「機能性」などは、個別の具体的な要素である「エアバッグ」「タイヤ」「シート」「エンジン」「ブレーキシステム」「色」「馬力」「ステアリング」などと違って具体的に目にみえるものではありません。しかし、その存在を仮定してみると、人が自動車をどのように評価しているのかがわかりやすくなるでしょう。

　「安全性」「経済性」「居住性」「機能性」などは「構成概念」と呼ばれるもので、人はこの概念の存在を必ずしもはっきりと意識しているわけではありません。しかし、多くの人は無意識であってもこのような視点でものごとを捉えており、そこから良い悪いなどの実際の評価を下していると考えられます。そして、「安全性」「経済性」「居住性」「機能性」といった「構成概念」は、多くの人に共通する視点であり、人が自動車を選ぶときの選択の多様性は、個別の具体的な要素のどれを手

がかりとして、どのような「構成概念」を印象形成したのかということによって生じてきます。

　まとめると、自動車を選ぶときの評価は大まかに3層の構造になっていると考えられます。まず、「エアバッグ」や「燃費」といった個別の具体的な要素があり、次に個別の具体的な要素を手がかりに印象形成される「安全性」「経済性」「居住性」「機能性」といったもう少し抽象的な「構成概念」が続き、それらから総合的な評価ができあがる、という構造です。

図3. 自動車の「価値」の構造（イメージ）

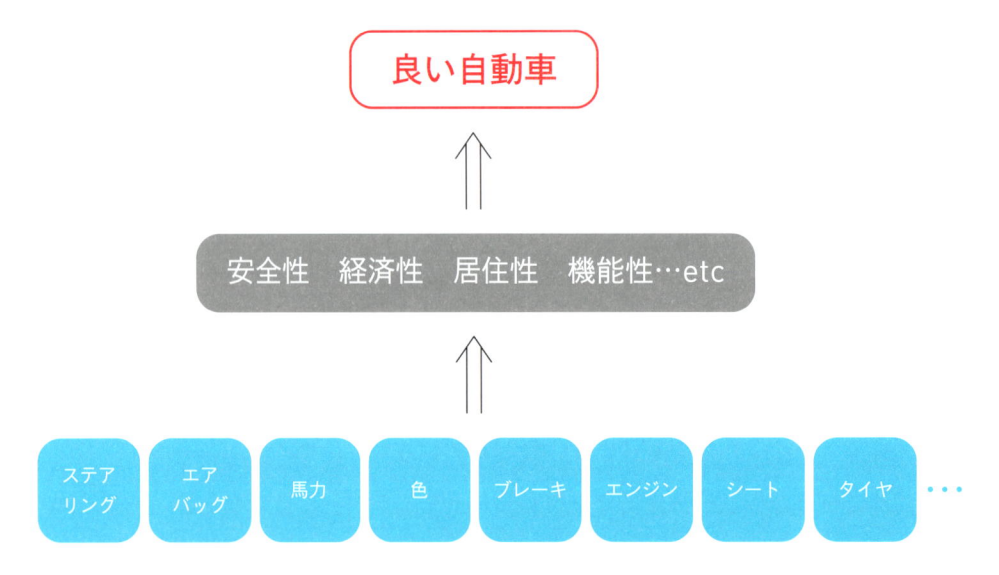

良い自動車
↑
安全性　経済性　居住性　機能性…etc
↑
ステアリング　エアバッグ　馬力　色　ブレーキ　エンジン　シート　タイヤ　…

では、「大学選び」の場合はどうでしょうか。

大学などの学校の「価値」を評価する場合も、自動車と同様に3層の構造を想定することができます。すなわち、個別の具体的な要素、それらを集約したいくつかの「構成概念」、さらに総合的な評価という3層の構造です。学校の評価に関して個別の具体的な要素に相当するものは何でしょうか。例えば、「設備」「立地」「先生」「カリキュラム」「就職率」「資格合格率」といった実際に目でみて確認することができるものがあげられます。これらの事実を手がかりにして、もう少し抽象的な「構成概念」のレベルで学校の印象を形成し、それらを考え合わせて自分にとって「良い学校かどうか」という総合的な評価をしていると考えられるのです。

では、学校の評価において、自動車の場合の「構成概念」であった「安全性」「経済性」「居住性」「機能性」に相当するものは何でしょうか。株式会社応用社会心理学研究所がこれまでに行ってきた高校生などの進学調査から、学校の評価における「構成概念」は「教育の質」「学生生活」「将来」という3つの視点が少なくとも既に確認されています。これを示したものが図4.です。

図4.学校の「価値」の構造（イメージ）

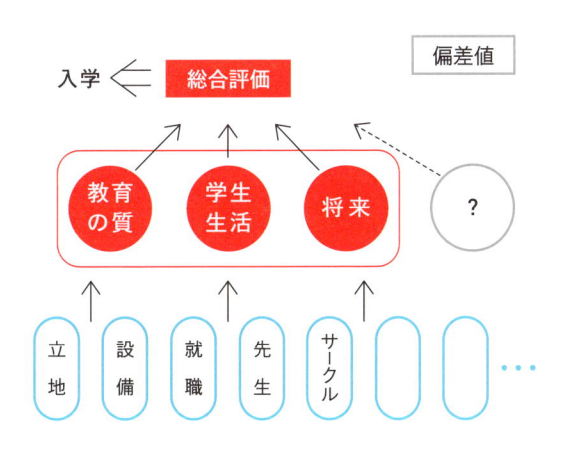

3-2. 高校生が大学の「価値」を感じる重要な視点

3-2-1.
大学の評価に直結する重要な「3つの視点」

　今回、「テレメール一斉進学調査」では、高校生などの受験生についての大規模なデータを得ることができました。このデータを使用して、これまでに確認されてきた学校の「価値」の構造が、大学一般にもあてはまるかどうかを分析したところ、ほぼ同様の構造がみられることが明らかになりました。ここからは、実際のデータを示しながら、大学の「価値」の構造について説明していきます。

　前節で述べた「教育の質」「学生生活」「将来」の3つの視点について良い印象を感じることが、大学の総合的な評価を高めているのかどうかをみたものがデータ36.です。「教育の質」「学生生活」「将来」の3つの視点の測定尺度について、高く評価した「高」群、中程度の評価だった「中」群、低く評価した「低」群に分け、それぞれの3群が学校の「総合評価」をどのように評価していたかをみました。その結果、3つの視点を高く評価していた人ほど「総合評価」が高くなる傾向がみられ、「良い大学かどうか」の判断にはこれらの視点における評価が重要であることがわかります。

　とはいえ、大学の「価値」が「教育の質」「学生生活」「将来」の3つの視点だけに集約されるかどうかはまだ明らかになっていません。今後も、大学の「価値」を評価する際に、ほかにも重要な視点があるのかどうかの検討を続けていく必要があります。しかし、高校生などの受験生が大学を評価するときの重要な視点として少なくともこの3つがあることは、妥当性が高いと考えられています。次節からは、「教育の質」「学生生活」「将来」という3つの視点を大学の「価値」の評価における「構成概念」として検証を進めていきますが、以上述べた理由からこれはあくまでも暫定的な部分があることに留意してください。

データ 36. 3つの視点と「総合評価」の関係性

■ 総合評価＝高　■ 総合評価＝中　■ 総合評価＝低　　　　　　　　　　　　　　　　　　　　　　　　　　単位 [％]

教育の質 ｜ 総合評価

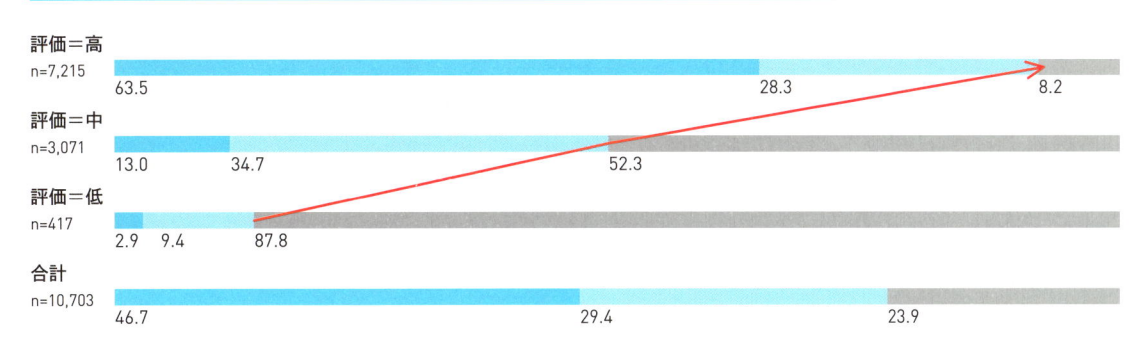

評価＝高
n=7,215
63.5　｜　28.3　｜　8.2

評価＝中
n=3,071
13.0　｜　34.7　｜　52.3

評価＝低
n=417
2.9　｜　9.4　｜　87.8

合計
n=10,703
46.7　｜　29.4　｜　23.9

学生生活 ｜ 総合評価

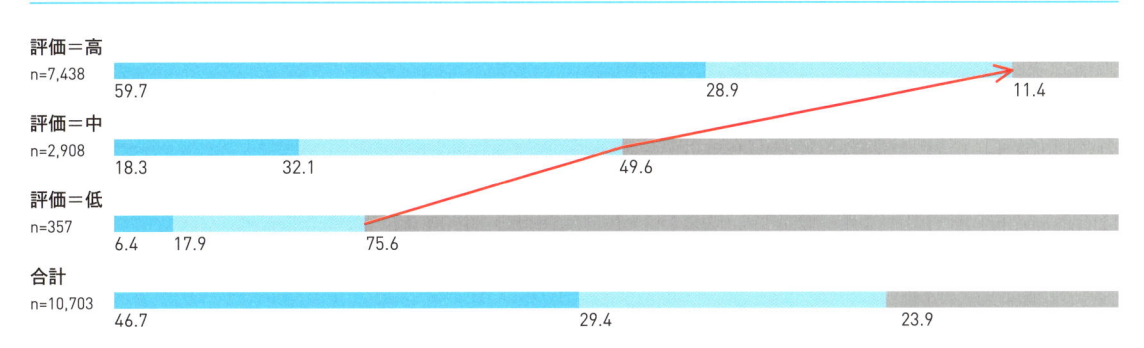

評価＝高
n=7,438
59.7　｜　28.9　｜　11.4

評価＝中
n=2,908
18.3　｜　32.1　｜　49.6

評価＝低
n=357
6.4　｜　17.9　｜　75.6

合計
n=10,703
46.7　｜　29.4　｜　23.9

将来 ｜ 総合評価

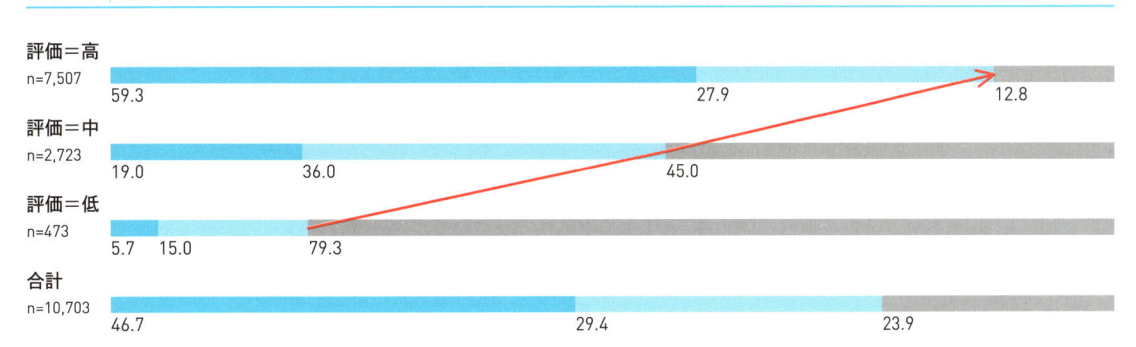

評価＝高
n=7,507
59.3　｜　27.9　｜　12.8

評価＝中
n=2,723
19.0　｜　36.0　｜　45.0

評価＝低
n=473
5.7　｜　15.0　｜　79.3

合計
n=10,703
46.7　｜　29.4　｜　23.9

※「教育の質」「学生生活」「将来」はそれぞれ2項目からなる尺度（5段階、非常にそう思う：5点～まったくそう思わない：1点）で測定されている。得点を合計して項目数で除することにより下位尺度得点を算出し、4点以上を「評価＝高」、4点未満3点以上を「評価＝中」、3点未満を「評価＝低」と定義している。

※「総合評価」は6項目からなる尺度（7段階、非常にそう思う：7点～まったくそう思わない：1点）で測定されている。得点を合計して項目数で除することにより下位尺度得点を算出し、6点以上を「総合評価＝高」、6点未満5点以上を「総合評価＝中」、5点未満を「総合評価＝低」と定義している。

3-2-2.
「3つの視点」の「価値」が高いと感じた大学に入学を決める

　高校生などの受験生が、「教育の質」「学生生活」「将来」という3つの視点から大学を評価しているとすれば、実際に候補が複数あって入学校を1つ選択する場面でも、これらの視点から説明することができるはずです。

　データ37.は、今回の調査対象者が回答した「入学校」と「最も検討した学校（合格したが入学しなかった学校）」の評価を比較したものです。「入学校評価」に関しては、「第一志望の入学校」「第一志望でない入学校」の2つに分けています。また、3つの視点との比較対照のために「立地が良い」「知名度がある」など、他の項目の評価も併せて掲載しました。もし彼らが3つの視点から大学を評価しているとすれば、実際に入学した「入学校」と検討したが入学しなかった「最も検討した学校」への3つの視点の評価には、大きな差がみられるはずです。また同じ「入学校」であっても、「第一志望の入学校」と「第一志望でない入学校」では評価には差があると考えられ、前者が後者より高くなっているはずです。

　結果はデータから明らかなように、「入学校」と「最も検討した学校」に対する3つの視点の評価には顕著な差が認められました。「教育の質」「学生生活」「将来」のそれぞれについて、「第一志望の入学校」に対してはどれも9割近くが肯定的な評価をしているのに対して、「第一志望でない入学校」では7割程度、「最も検討した学校」では6割前後と低くなっています。一方、3つの視点以外の「立地が良い」や「知名度がある」に対する評価は、「第一志望の入学校」「第一志望でない入学校」「最も検討した学校」の間にそれほど差がありませんでした。

　いずれも入学を検討し出願して合格した学校ですから、学校間にあまり違いはないようにも思われますし、確かに「立地が良い」や「知名度がある」といった項目に対する評価についてはそれほど差がありません。しかし、3つの視点の評価についてはこれらの学校間で顕著な差が認められることは明らかです。これらのことは、複数の選択肢の中から入学する大学を決める段階においては、3つの視点に十分に「価値」を感じられるかどうかが、意思決定の重要な基準になっていることの裏付けになるのではないでしょうか。つまり、高校生などの受験生は3つの視点から十分に「価値」を感じた大学を第一志望に選んでおり、また、第一志望に入学できなかった場合でも他の大学に比べて3つの視点の「価値」をより感じた大学が選ばれているということです。3つの視点の「価値」があまり感じられなかった大学は、入学を検討されることがあるとしても最終的には入学校に選ばれにくくなります。

データ 37. 入学校と最も検討した学校の3つの視点の評価比較

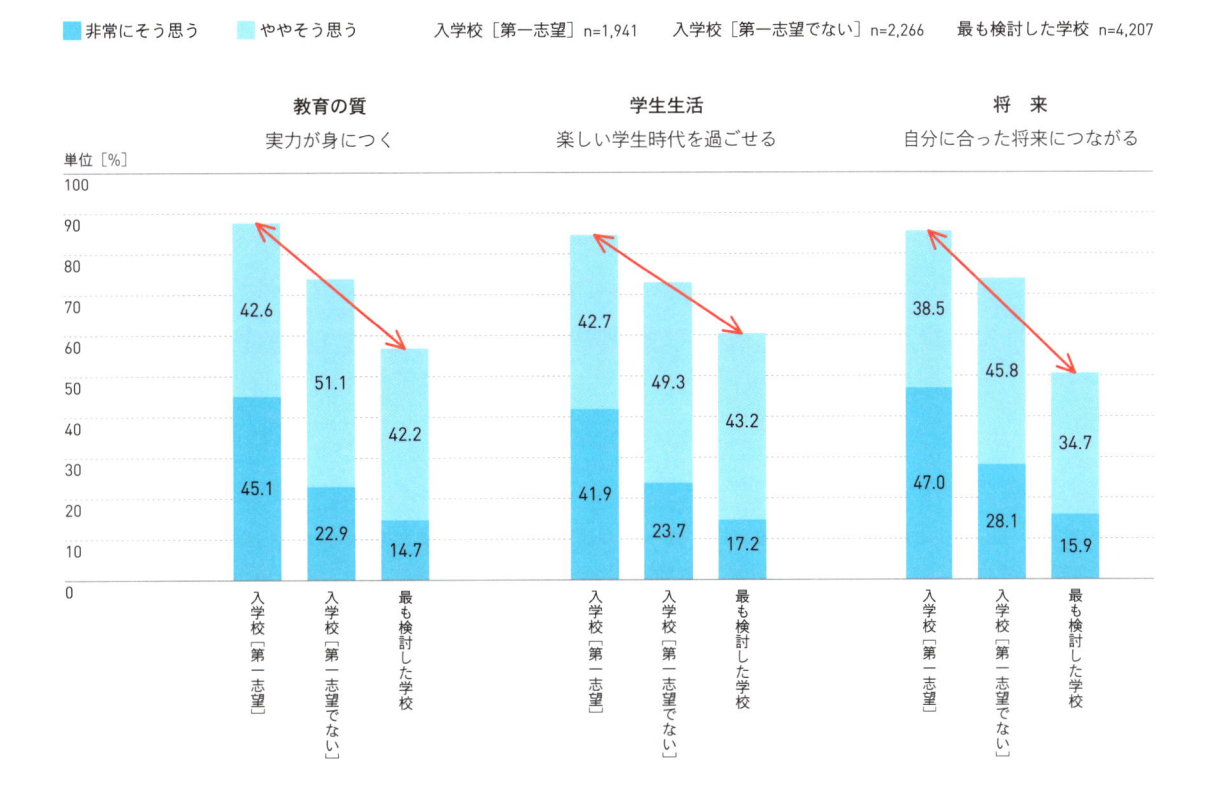

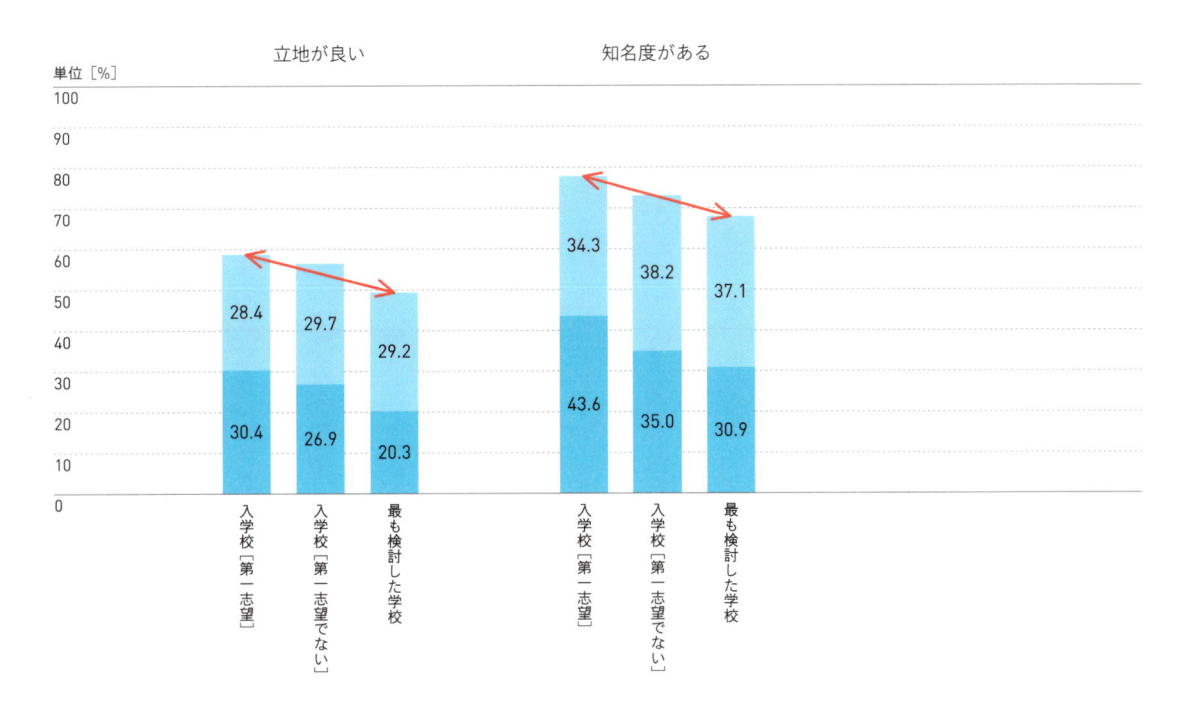

■ 非常にそう思う　■ ややそう思う　　入学校［第一志望］n=1,941　　入学校［第一志望でない］n=2,266　　最も検討した学校 n=4,207

教育の質
実力が身につく

	非常にそう思う	ややそう思う
入学校［第一志望］	45.1	42.6
入学校［第一志望でない］	22.9	51.1
最も検討した学校	14.7	42.2

学生生活
楽しい学生時代を過ごせる

	非常にそう思う	ややそう思う
入学校［第一志望］	41.9	42.7
入学校［第一志望でない］	23.7	49.3
最も検討した学校	17.2	43.2

将来
自分に合った将来につながる

	非常にそう思う	ややそう思う
入学校［第一志望］	47.0	38.5
入学校［第一志望でない］	28.1	45.8
最も検討した学校	15.9	34.7

立地が良い

	非常にそう思う	ややそう思う
入学校［第一志望］	30.4	28.4
入学校［第一志望でない］	26.9	29.7
最も検討した学校	20.3	29.2

知名度がある

	非常にそう思う	ややそう思う
入学校［第一志望］	43.6	34.3
入学校［第一志望でない］	35.0	38.2
最も検討した学校	30.9	37.1

※項目名は一部要約または省略して表記しています。

ただし、データ38.をみると、すべての人が入学する大学に「価値」を感じて入学できているわけではないようです。データ38.は、「教育の質」「学生生活」「将来」の3つの視点のうち、3つすべてに高い価値を感じた人を「価値を感じて入学した人」、2つに高い価値を感じた人を「やや価値を感じて入学した人」、1つだけに高い価値を感じた人を「あまり価値を感じないで入学した人」、いずれにも高い価値を感じなかった人を「価値を感じないで入学した人」として、今回の調査対象者における割合を確認したものです。「価値を感じて入学した人」は46.1%、「やや価値を感じて入学した人」は23.2%、「あまり価値を感じないで入学した人」は17.4%、「価値を感じないで入学した人」は13.3%となっており、3割程度の人が「価値」を感じて大学を選択することができているとはいえない状況がうかがえます。

データ38.「価値」を感じて入学した人の割合＜全体＞

■ 価値を感じて入学した人　■ やや価値を感じて入学した人　■ あまり価値を感じないで入学した人　■ 価値を感じないで入学した人　単位[%]

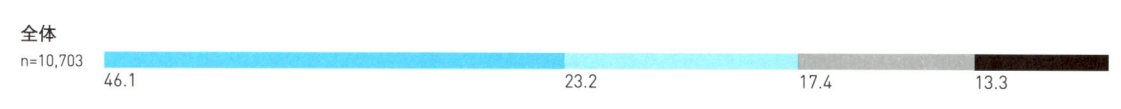

全体
n=10,703
46.1 ／ 23.2 ／ 17.4 ／ 13.3

データ39.「価値」を感じて入学した人の割合＜立場・男女別＞

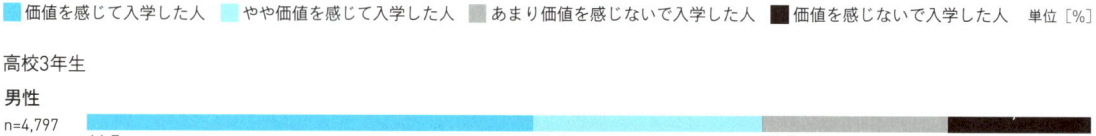

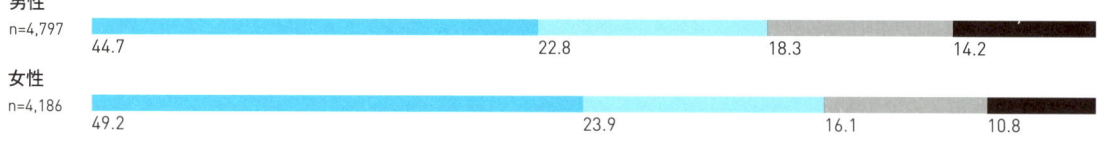

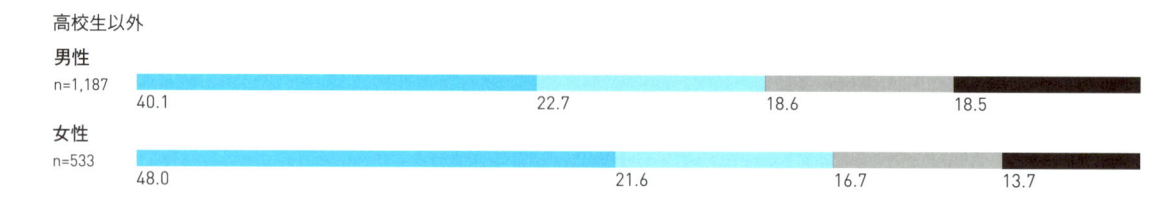

■ 価値を感じて入学した人　■ やや価値を感じて入学した人　■ あまり価値を感じないで入学した人　■ 価値を感じないで入学した人　単位[%]

高校3年生
男性
n=4,797
44.7 ／ 22.8 ／ 18.3 ／ 14.2

女性
n=4,186
49.2 ／ 23.9 ／ 16.1 ／ 10.8

高校生以外
男性
n=1,187
40.1 ／ 22.7 ／ 18.6 ／ 18.5

女性
n=533
48.0 ／ 21.6 ／ 16.7 ／ 13.7

データ 40.「価値」を感じて入学した人の割合＜この春までの居住地別＞

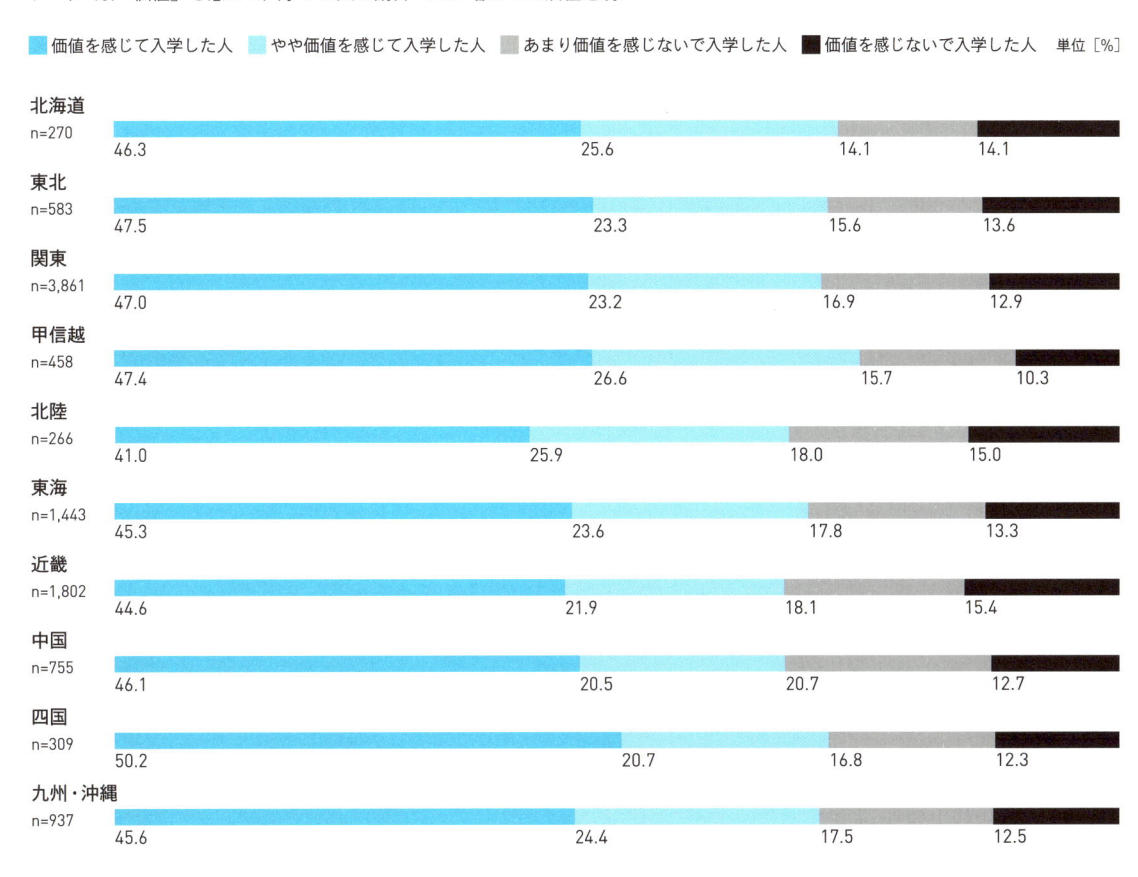

■ 価値を感じて入学した人　■ やや価値を感じて入学した人　■ あまり価値を感じないで入学した人　■ 価値を感じないで入学した人　単位 [％]

地域	価値を感じて入学した人	やや価値を感じて入学した人	あまり価値を感じないで入学した人	価値を感じないで入学した人
北海道 n=270	46.3	25.6	14.1	14.1
東北 n=583	47.5	23.3	15.6	13.6
関東 n=3,861	47.0	23.2	16.9	12.9
甲信越 n=458	47.4	26.6	15.7	10.3
北陸 n=266	41.0	25.9	18.0	15.0
東海 n=1,443	45.3	23.6	17.8	13.3
近畿 n=1,802	44.6	21.9	18.1	15.4
中国 n=755	46.1	20.5	20.7	12.7
四国 n=309	50.2	20.7	16.8	12.3
九州・沖縄 n=937	45.6	24.4	17.5	12.5

データ 41.「価値」を感じて入学した人の割合 ＜入学時学部校舎所在地・学校種別＞

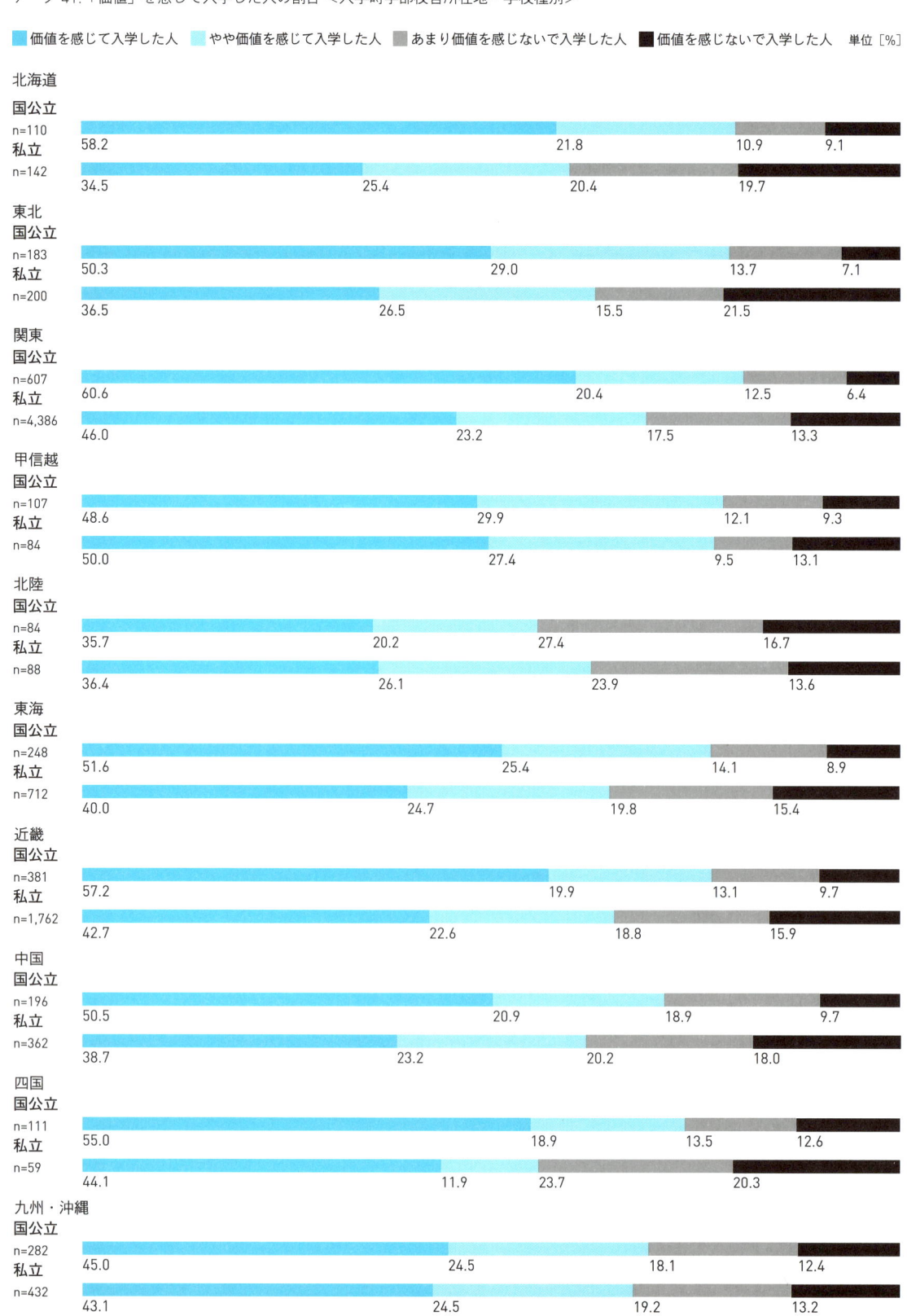

■ 価値を感じて入学した人　■ やや価値を感じて入学した人　■ あまり価値を感じないで入学した人　■ 価値を感じないで入学した人　単位［%］

北海道
国公立 n=110 ： 58.2 ／ 21.8 ／ 10.9 ／ 9.1
私立 n=142 ： 34.5 ／ 25.4 ／ 20.4 ／ 19.7

東北
国公立 n=183 ： 50.3 ／ 29.0 ／ 13.7 ／ 7.1
私立 n=200 ： 36.5 ／ 26.5 ／ 15.5 ／ 21.5

関東
国公立 n=607 ： 60.6 ／ 20.4 ／ 12.5 ／ 6.4
私立 n=4,386 ： 46.0 ／ 23.2 ／ 17.5 ／ 13.3

甲信越
国公立 n=107 ： 48.6 ／ 29.9 ／ 12.1 ／ 9.3
私立 n=84 ： 50.0 ／ 27.4 ／ 9.5 ／ 13.1

北陸
国公立 n=84 ： 35.7 ／ 20.2 ／ 27.4 ／ 16.7
私立 n=88 ： 36.4 ／ 26.1 ／ 23.9 ／ 13.6

東海
国公立 n=248 ： 51.6 ／ 25.4 ／ 14.1 ／ 8.9
私立 n=712 ： 40.0 ／ 24.7 ／ 19.8 ／ 15.4

近畿
国公立 n=381 ： 57.2 ／ 19.9 ／ 13.1 ／ 9.7
私立 n=1,762 ： 42.7 ／ 22.6 ／ 18.8 ／ 15.9

中国
国公立 n=196 ： 50.5 ／ 20.9 ／ 18.9 ／ 9.7
私立 n=362 ： 38.7 ／ 23.2 ／ 20.2 ／ 18.0

四国
国公立 n=111 ： 55.0 ／ 18.9 ／ 13.5 ／ 12.6
私立 n=59 ： 44.1 ／ 11.9 ／ 23.7 ／ 20.3

九州・沖縄
国公立 n=282 ： 45.0 ／ 24.5 ／ 18.1 ／ 12.4
私立 n=432 ： 43.1 ／ 24.5 ／ 19.2 ／ 13.2

3-2-3.
個別の評価が高くても、それだけでは大学の「価値」にはならない

　これまで、「教育の質」「学生生活」「将来」という3つの視点の重要性を示してきましたが、「たとえ3つの視点の評価が低かったとしても、『カリキュラム』『設備』『就職率』といった具体的なものさえ良ければ、それで良い大学だと評価してくれるのではないか」と思われる方もいるかもしれません。しかし、そうではないことも今回の調査データの分析により明らかになっています。

　データ42.は、「3つの視点のいずれかに『価値』を感じて入学した群」と「3つの視点のいずれにも『価値』を感じないで入学した群」に分け、それぞれの群での「設備」「カリキュラム」などの個別要素の評価と、「良い学校である」といった学校の「総合評価」の関連を確認したものです。「3つの視点のいずれかに『価値』を感じて入学した群」では、個別要素の評価が高いほど「総合評価」が高くなっています。これは、個別要素の評価が3つの視点などの「構成概念」の印象形成に寄与した結果、「総合評価」が高くなっているのだと考えることができます。一方で、「3つの視点のいずれも『価値』を感じないで入学した群」では、いくら個別要素の評価が高くても「総合評価」は十分に高くはならないことが確認できます。

　つまり、各大学が備えている個別要素である「設備」や「カリキュラム」「就職率」などがいくら良いものであったとしても、それらを高校生などの受験生が「教育の質が高そうだ」「充実した学生生活を送れそうだ」「自分の将来につながりそうだ」といった3つの視点の印象へと結びつけることができなければ、結局「良い大学」という判断にはつながらないということをこのデータは示しているのです。

　これらの視点の重要性を理解しておくことは、大学にとっても大切だと考えられます。より多くの学生に自校のことを知って理解してもらうためには、この「教育の質」「学生生活」「将来」といった3つの視点を意識して広報活動などのコミュニケーションを行っていくことが重要になるでしょう。これまで述べてきたような大学を評価する際のメカニズムを意識しないで、ただ学費の値下げや設備投資などを行ったり、個別の細かい情報を脈絡なく伝えたりしたとしても、自校の「価値」は彼らには伝わらないことが多いのです。また、「価値」を感じるようにはならないどころか、むしろ大学の「価値」を損ねる可能性もあります。

データ 42. 個別要素の評価と総合評価との関係 ＜「価値」を感じて入学したか否か別＞

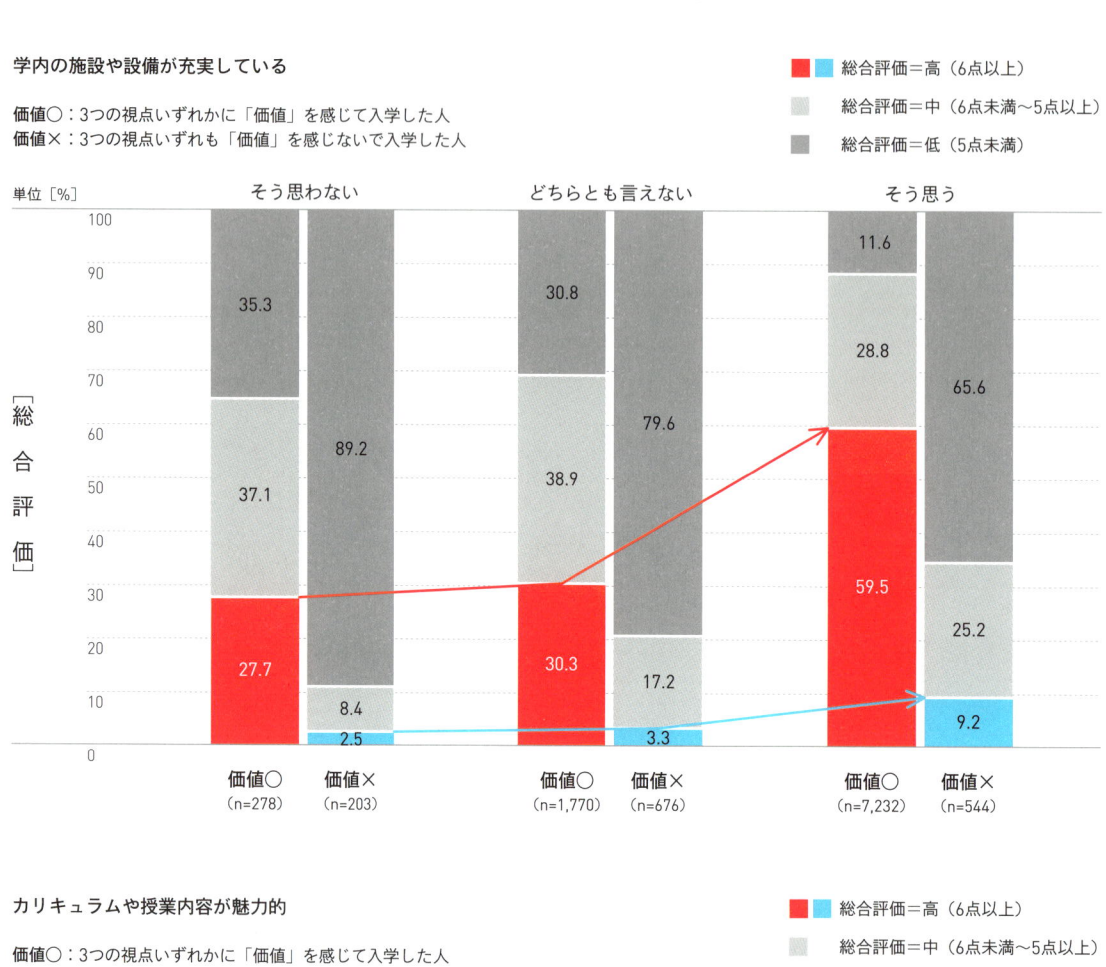

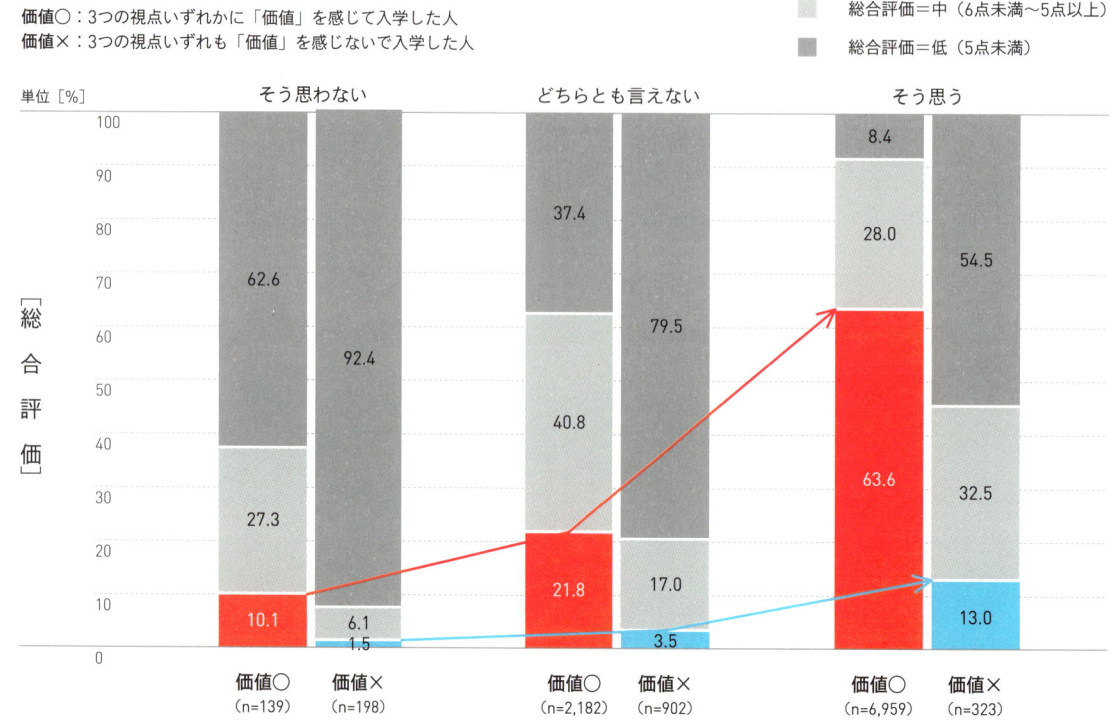

学内の施設や設備が充実している

価値○：3つの視点いずれかに「価値」を感じて入学した人
価値×：3つの視点いずれも「価値」を感じないで入学した人

凡例：
- 総合評価＝高（6点以上）
- 総合評価＝中（6点未満～5点以上）
- 総合評価＝低（5点未満）

単位 [%]　[総合評価]

そう思わない
- 価値○ (n=278): 高 27.7、中 37.1、低 35.3
- 価値× (n=203): 高 2.5、中 8.4、低 89.2

どちらとも言えない
- 価値○ (n=1,770): 高 30.3、中 38.9、低 30.8
- 価値× (n=676): 高 3.3、中 17.2、低 79.6

そう思う
- 価値○ (n=7,232): 高 59.5、中 28.8、低 11.6
- 価値× (n=544): 高 9.2、中 25.2、低 65.6

カリキュラムや授業内容が魅力的

価値○：3つの視点いずれかに「価値」を感じて入学した人
価値×：3つの視点いずれも「価値」を感じないで入学した人

凡例：
- 総合評価＝高（6点以上）
- 総合評価＝中（6点未満～5点以上）
- 総合評価＝低（5点未満）

単位 [%]　[総合評価]

そう思わない
- 価値○ (n=139): 高 10.1、中 27.3、低 62.6
- 価値× (n=198): 高 1.5、中 6.1、低 92.4

どちらとも言えない
- 価値○ (n=2,182): 高 21.8、中 40.8、低 37.4
- 価値× (n=902): 高 3.5、中 17.0、低 79.5

そう思う
- 価値○ (n=6,959): 高 63.6、中 28.0、低 8.4
- 価値× (n=323): 高 13.0、中 32.5、低 54.5

第3章　入学する大学の「価値」

就職率や就職実績が良い

価値○：3つの視点いずれかに「価値」を感じて入学した人
価値×：3つの視点いずれも「価値」を感じないで入学した人

凡例：
- 総合評価＝高（6点以上）
- 総合評価＝中（6点未満〜5点以上）
- 総合評価＝低（5点未満）

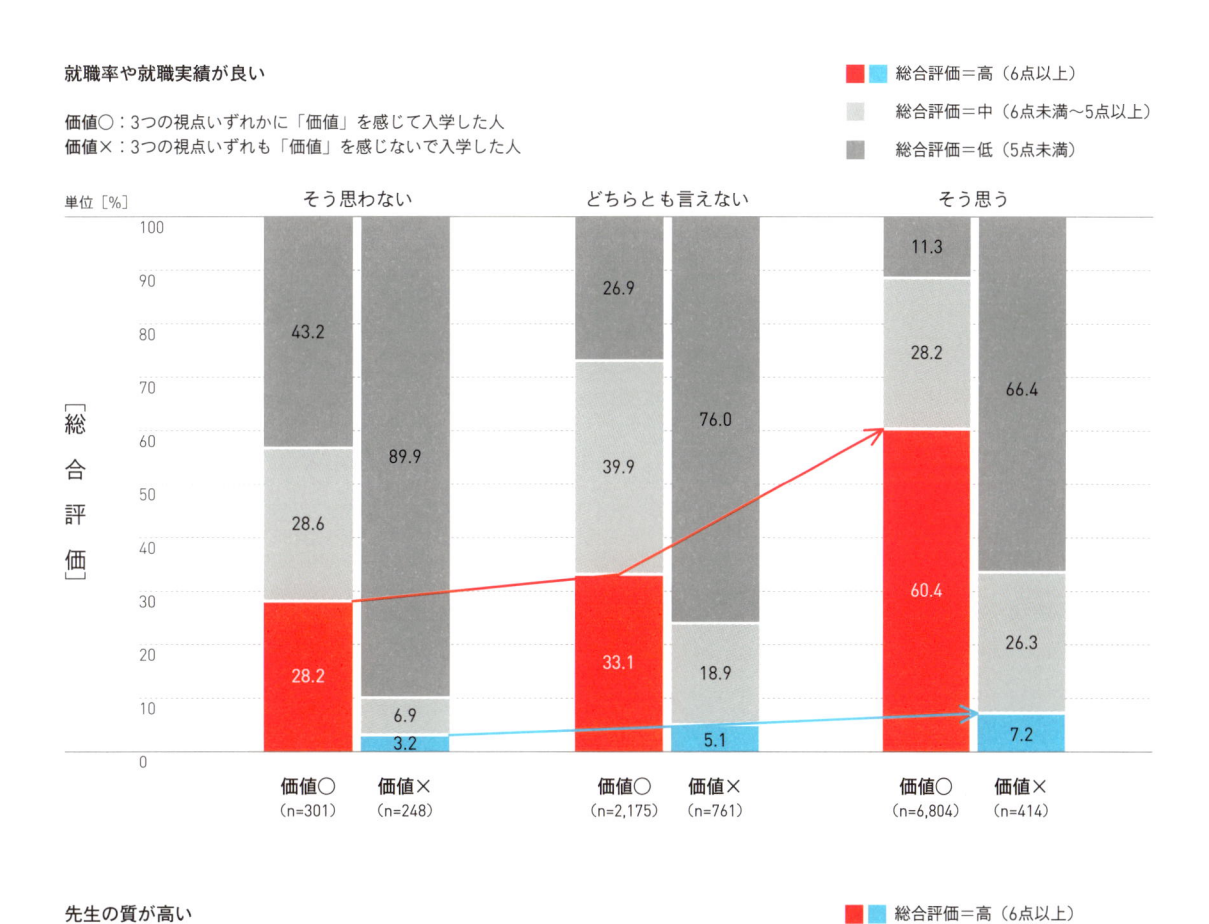

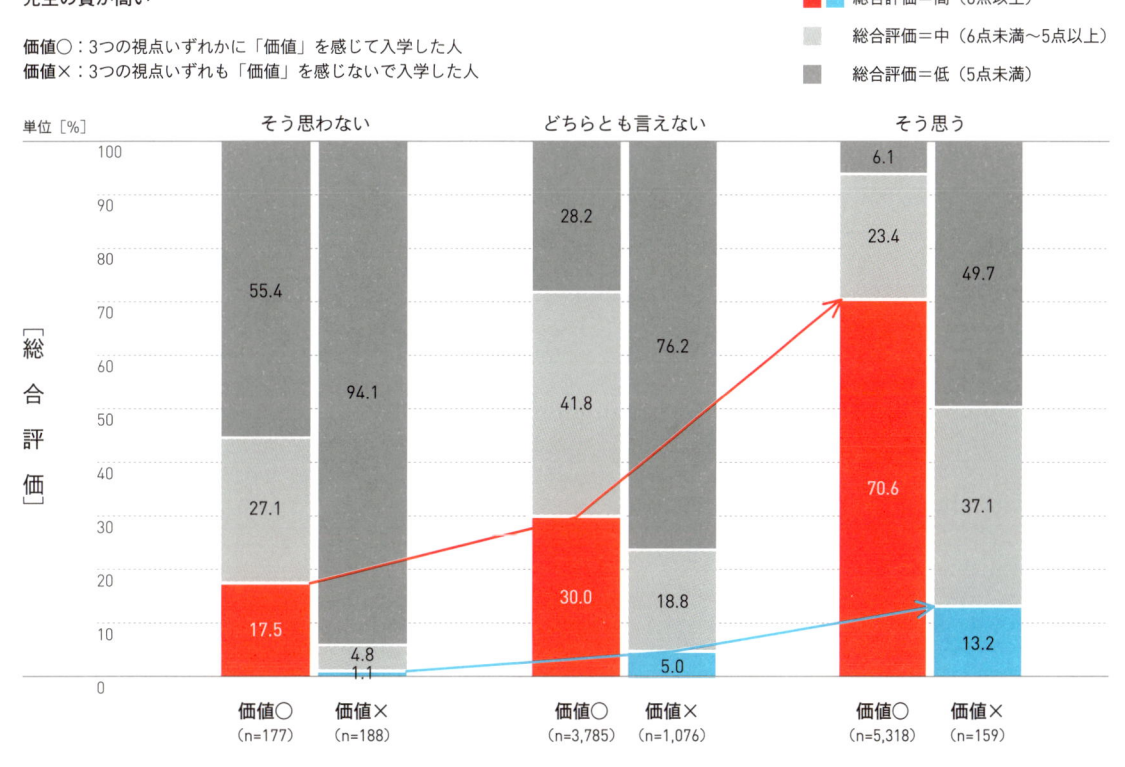

	そう思わない		どちらとも言えない		そう思う	
	価値○ (n=301)	価値× (n=248)	価値○ (n=2,175)	価値× (n=761)	価値○ (n=6,804)	価値× (n=414)
低	43.2	89.9	26.9	76.0	11.3	66.4
中	28.6	6.9	39.9	18.9	28.2	26.3
高	28.2	3.2	33.1	5.1	60.4	7.2

先生の質が高い

価値○：3つの視点いずれかに「価値」を感じて入学した人
価値×：3つの視点いずれも「価値」を感じないで入学した人

	そう思わない		どちらとも言えない		そう思う	
	価値○ (n=177)	価値× (n=188)	価値○ (n=3,785)	価値× (n=1,076)	価値○ (n=5,318)	価値× (n=159)
低	55.4	94.1	28.2	76.2	6.1	49.7
中	27.1	4.8	41.8	18.8	23.4	37.1
高	17.5	1.1	30.0	5.0	70.6	13.2

3-3. 高校生にとっての大学の個性とは何か

3-3-1.
大学が持つ資源は多様である

　高校生などの受験生に「良い大学だ」と感じてもらうためには、大学が有する個別の具体的な要素を基に、「教育の質」「学生生活」「将来」という3つの視点などの「構成概念」を印象形成させる必要があることは前節まででみてきました。この構造は、どの大学であったとしても等しく認められることがわかっています。

　一方で、「構成概念」を印象形成する手がかりとなる個別の具体的な要素は大学によって多種多様であり、評価が明確に分かれるものであることがわかっています。例えば、「立地」「設備」「カリキュラム」「学生の雰囲気」「先生」「就職率」といった要素についての評価は、ある大学は「設備」は非常に高いが「先生」は低いのに対して、別の大学では「設備」はそれほど高くはないが「先生」は非常に高いということがあります。これは、個々の大学が持つ資源は多様であり、それぞれ異なった独自の資源を有していることの表れであると考えられます。それらの特徴を高校生などの受験生が彼らなりに感じて素直に評価をした結果です。

　データ43.は、国公立大学と私立大学別に、また、データ44.は入学時学部校舎所在地エリア別に、例としていくつかの個別の具体的な要素についての評価を比較したものです。本報告書では具体的な大学のデータをお示しすることはできませんが、国公立大学と私立大学別、入学時学部校舎所在地エリア別でみてもこれほどの特徴が表れるものであり、これらを個々の大学に分解してさらに比較すると大学の特徴が明らかになります。

データ 43. 個別要素の評価の比較 ＜学校種別＞

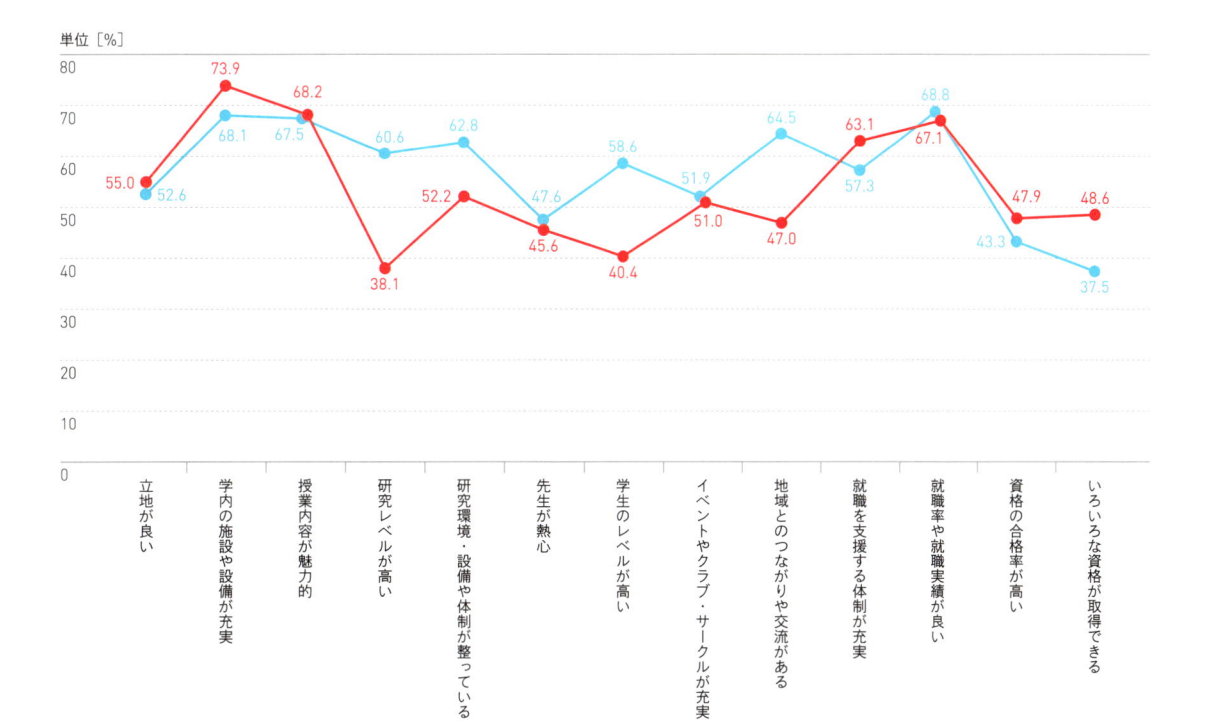

── 国公立大学（n=2,320）　── 私立大学（n=8,383）

項目	国公立大学	私立大学
立地が良い	52.6	55.0
学内の施設や設備が充実	68.1	73.9
授業内容が魅力的	67.5	68.2
研究レベルが高い	60.6	38.1
研究環境・設備や体制が整っている	62.8	52.2
先生が熱心	47.6	45.6
学生のレベルが高い	58.6	40.4
イベントやクラブ・サークルが充実	51.9	51.0
地域とのつながりや交流がある	64.5	47.0
就職を支援する体制が充実	57.3	63.1
就職率や就職実績が良い	68.8	67.1
資格の合格率が高い	43.3	47.9
いろいろな資格が取得できる	37.5	48.6

※数値はそれぞれの設問に対する「そう思う」「ややそう思う」を合算したの回答割合。
※項目名は一部省略している。

データ 44. 個別要素の評価の比較 ＜入学時学部校舎所在地別＞

[北海道エリア]　　　　　　　　　　　　　　　　　　　　　●— 北海道（n=252）　　●— 全体（n=10,703）

単位 [%]

項目	北海道	全体
立地が良い	54.0	54.5
学内の施設や設備が充実	72.6	72.7
授業内容が魅力的	65.9	68.0
研究レベルが高い	40.5	43.0
研究環境・設備や体制が整っている	53.6	54.5
先生が熱心	41.7	46.0
学生のレベルが高い	42.1	44.3
イベントやクラブ・サークルが充実	50.8	51.2
地域とのつながりや交流がある	61.5	50.8
就職を支援する体制が充実	59.9	61.8
就職率や就職実績が良い	67.1	67.4
資格の合格率が高い	43.7	46.9
いろいろな資格が取得できる	42.5	46.2

[東北エリア]　　　　　　　　　　　　　　　　　　　　　●— 東北（n=383）　　●— 全体（n=10,703）

単位 [%]

項目	東北	全体
立地が良い	42.3	54.5
学内の施設や設備が充実	67.4	72.7
授業内容が魅力的	62.1	68.0
研究レベルが高い	40.7	43.0
研究環境・設備や体制が整っている	54.3	54.5
先生が熱心	42.6	46.0
学生のレベルが高い	37.9	44.3
イベントやクラブ・サークルが充実	50.1	51.2
地域とのつながりや交流がある	72.6	50.8
就職を支援する体制が充実	62.9	61.8
就職率や就職実績が良い	70.2	67.4
資格の合格率が高い	47.8	46.9
いろいろな資格が取得できる	48.6	46.2

※数値はそれぞれの設問に対する「そう思う」「ややそう思う」を合算したの回答割合。
※項目名は一部省略している。

[関東エリア]　　　　　　　　　　　　　　　　　　　　　　　　　　　　　●― 関東（n=4,993）　●― 全体（n=10,703）

単位［%］

項目	関東	全体
立地が良い	59.5	54.5
学内の施設や設備が充実	75.4	72.7
授業内容が魅力的	71.8	68.0
研究レベルが高い	45.3	43.0
研究環境・設備や体制が整っている	55.6	54.5
先生が熱心	49.6	46.0
学生のレベルが高い	48.8	44.3
イベントやクラブ・サークルが充実	52.2	51.2
地域とのつながりや交流がある	43.9	50.8
就職を支援する体制が充実	62.5	61.8
就職率や就職実績が良い	67.2	67.4
資格の合格率が高い	45.6	46.9
いろいろな資格が取得できる	44.8	46.2

[甲信越エリア]　　　　　　　　　　　　　　　　　　　　　　　　　　　　　●― 甲信越（n=191）　●― 全体（n=10,703）

単位［%］

項目	甲信越	全体
立地が良い	40.8	54.5
学内の施設や設備が充実	69.1	72.7
授業内容が魅力的	64.9	68.0
研究レベルが高い	43.5	43.0
研究環境・設備や体制が整っている	56.5	54.5
先生が熱心	51.8	46.0
学生のレベルが高い	39.3	44.3
イベントやクラブ・サークルが充実	53.9	51.2
地域とのつながりや交流がある	68.6	50.8
就職を支援する体制が充実	66.5	61.8
就職率や就職実績が良い	67.5	67.4
資格の合格率が高い	55.0	46.9
いろいろな資格が取得できる	46.6	46.2

※数値はそれぞれの設問に対する「そう思う」「ややそう思う」を合算したの回答割合。
※項目名は一部省略している。

[北陸エリア]　　　　　　　　　　　　　　　　　　　　　　　　　　　　●― 北陸（n=172）　●― 全体（n=10,703）

単位 [%]

項目	北陸	全体
立地が良い	37.2	54.5
学内の施設や設備が充実	64.0	72.7
授業内容が魅力的	57.6	68.0
研究レベルが高い	40.7	43.0
研究環境・設備や体制が整っている	58.1	54.5
先生が熱心	40.1	46.0
学生のレベルが高い	26.7	44.3
イベントやクラブ・サークルが充実	37.2	51.2
地域とのつながりや交流がある	61.6	50.8
就職を支援する体制が充実	68.0	61.8
就職率や就職実績が良い	72.7	67.4
資格の合格率が高い	39.5	46.9
いろいろな資格が取得できる	40.7	46.2

[東海エリア]　　　　　　　　　　　　　　　　　　　　　　　　　　　　●― 東海（n=960）　●― 全体（n=10,703）

単位 [%]

項目	東海	全体
立地が良い	52.7	54.5
学内の施設や設備が充実	69.3	72.7
授業内容が魅力的	63.6	68.0
研究レベルが高い	37.7	43.0
研究環境・設備や体制が整っている	52.2	54.5
先生が熱心	40.2	46.0
学生のレベルが高い	37.9	44.3
イベントやクラブ・サークルが充実	46.4	51.2
地域とのつながりや交流がある	50.9	50.8
就職を支援する体制が充実	61.9	61.8
就職率や就職実績が良い	70.2	67.4
資格の合格率が高い	51.3	46.9
いろいろな資格が取得できる	47.5	46.2

※数値はそれぞれの設問に対する「そう思う」「ややそう思う」を合算した回答割合。
※項目名は一部省略している。

[近畿エリア]

近畿（n=2,143） / 全体（n=10,703）

単位 [%]

項目	近畿	全体
立地が良い	50.4	54.5
学内の施設や設備が充実	71.8	72.7
授業内容が魅力的	66.0	68.0
研究レベルが高い	42.4	43.0
研究環境・設備や体制が整っている	52.3	54.5
先生が熱心	43.8	46.0
学生のレベルが高い	44.5	44.3
イベントやクラブ・サークルが充実	53.8	51.2
地域とのつながりや交流がある	50.8	50.6
就職を支援する体制が充実	60.5	61.8
就職率や就職実績が良い	66.8	67.4
資格の合格率が高い	45.5	46.9
いろいろな資格が取得できる	47.3	46.2

[中国エリア]

中国（n=558） / 全体（n=10,703）

単位 [%]

項目	中国	全体
立地が良い	47.3	54.5
学内の施設や設備が充実	70.4	72.7
授業内容が魅力的	64.7	68.0
研究レベルが高い	40.7	43.0
研究環境・設備や体制が整っている	53.0	54.5
先生が熱心	42.8	46.0
学生のレベルが高い	34.4	44.3
イベントやクラブ・サークルが充実	45.9	51.2
地域とのつながりや交流がある	60.8	50.8
就職を支援する体制が充実	59.7	61.8
就職率や就職実績が良い	66.5	67.4
資格の合格率が高い	52.0	46.9
いろいろな資格が取得できる	53.4	46.2

※数値はそれぞれの設問に対する「そう思う」「ややそう思う」を合算したの回答割合。
※項目名は一部省略している。

[四国エリア]　　　　　　　　　　　　　　　　　　　　　　　　　　　　　　●― 四国（n=170）　　●― 全体（n=10,703）

単位［%］

項目	四国	全体
立地が良い	64.7	54.5
学内の施設や設備が充実	69.4	72.7
授業内容が魅力的	69.4	68.0
研究レベルが高い	37.6	43.0
研究環境・設備や体制が整っている	54.7	54.5
先生が熱心	45.9	46.0
学生のレベルが高い	39.4	44.3
イベントやクラブ・サークルが充実	46.5	51.2
地域とのつながりや交流がある	77.1	50.8
就職を支援する体制が充実	57.1	61.8
就職率や就職実績が良い	65.3	67.4
資格の合格率が高い	43.5	46.9
いろいろな資格が取得できる	48.8	46.2

[九州・沖縄エリア]　　　　　　　　　　　　　　　　　　　　　　　　　　●― 九州・沖縄（n=714）　　●― 全体（n=10,703）

単位［%］

項目	九州・沖縄	全体
立地が良い	53.5	54.5
学内の施設や設備が充実	67.2	72.7
授業内容が魅力的	62.2	68.0
研究レベルが高い	38.4	43.0
研究環境・設備や体制が整っている	51.1	54.5
先生が熱心	40.2	46.0
学生のレベルが高い	38.9	44.3
イベントやクラブ・サークルが充実	51.1	51.2
地域とのつながりや交流がある	61.9	50.8
就職を支援する体制が充実	60.2	61.8
就職率や就職実績が良い	63.6	67.4
資格の合格率が高い	43.6	46.9
いろいろな資格が取得できる	47.9	46.2

※数値はそれぞれの設問に対する「そう思う」「ややそう思う」を合算した回答割合。
※項目名は一部省略している。

3-3-2.
高校生が感じる大学の個性はいかにして形成されるのか

　前節では、個々の大学はそれぞれ独自の資源を有しており、個別の具体的な要素の評価には個々の大学の特徴が表れるということをみてきました。高校生などの受験生はこれらの要素に接することでその大学のイメージを膨らませて、「教育の質」「学生生活」「将来」という3つの視点の印象形成を行うことも前述した通りです。それでは、これらの個別の具体的な要素は、それぞれ3つの視点のいずれに結びつくのでしょうか。

　個別の具体的な要素の評価が各大学で異なっているのと同じく、それらの要素から3つの視点の印象が形成されるメカニズムについても個々の大学で異なっていることがわかっています。今回の調査データからも、個々の大学における具体的な要素と「教育の質」「学生生活」「将来」といった3つの視点の評価との関連の仕方は、各大学や学校種（国公立／私立、女子大／共学、総合大学／単科大学）などによって異なることが明らかになっています。つまり、ある大学では「設備」が「教育の質」の印象形成に寄与しているのに対して、別の大学では「学生生活」に寄与しているということが起こっているのです。このように考えると、人々が感じている大学の「個性」には、上述したような各大学が持つ多様な資源が反映されているのはもちろんのこと、それらの資源から3つの視点などの「構成概念」に対してどのような印象形成のメカニズムが作用しているかも大きく関わっているのではないかと考えられます。

　さて、以降では個々の大学によって印象形成の仕方にどのような違いがあるのかについて、具体的に例を挙げながらみていくことにします。

図 5. 個別要素が与える 3 つの視点への影響 〜同じ要素でも違う視点に寄与することがある〜

[A大学]

総合評価 ← 教育の質／学生生活／将来

立地／設備／カリキュラム／先生／就職

設備 → 学生生活

図書館や購買施設が充実
⇒居場所がある。交流できる。友達ができる。

[B大学]

総合評価 ← 教育の質／学生生活／将来

立地／設備／カリキュラム／先生／就職

設備 → 教育の質

図書館や購買施設が充実
⇒勉学や研究のための環境が整っている。

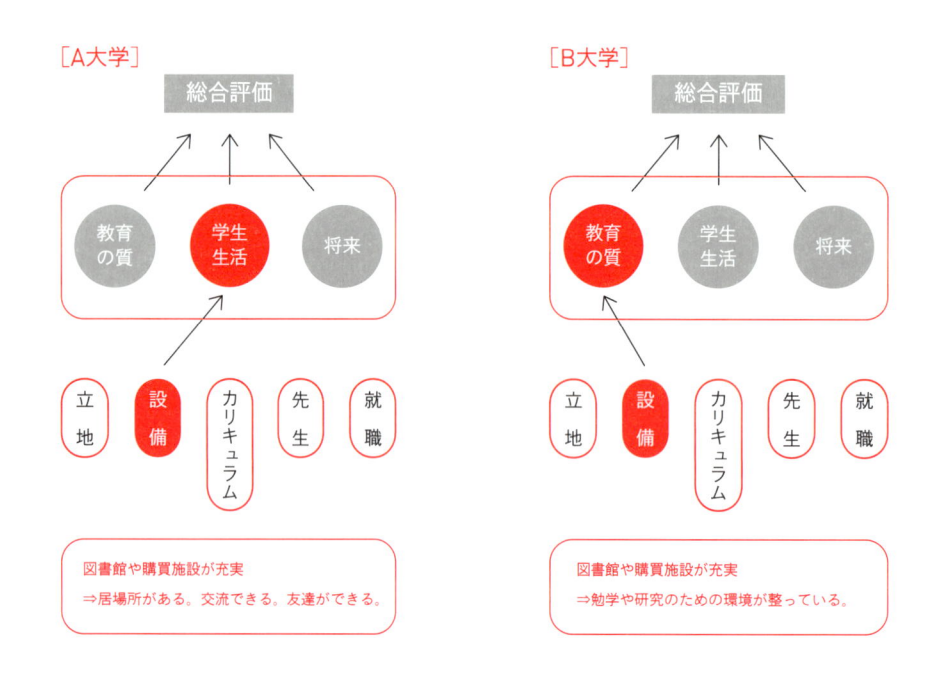

　図 5. をみると、A 大学と B 大学では、「設備」という個別要素が 3 つの視点のうちどれに影響を与えているかが異なっています。例えば、A 大学、B 大学とも同じように図書館や購買施設などが充実しており「設備が充実している」と評価されているとします。しかし、3 つの視点への影響は図のように異なり、A 大学では「学生生活」に寄与しているのに対して、B 大学では「教育の質」に寄与しています。これはなぜでしょうか。

　これには、個別要素を基にどのようなことがメッセージとして高校生などの受験生に伝わっているかが関係しています。例えば、A 大学では高校生などの受験生に「快適な図書館や多種多様な購買施設があるので、講義の時間以外の休み時間でも居場所があり、交流をする場所が多く、友人もできやすい」といったメッセージを伝えているということが考えられます。このようなメッセージを受け取った彼らは、「だから、快適な学生生活が送れそうだ」という印象を形成することができるのです。一方の B 大学ではどのようなことが考えられるでしょうか。例えば、「図書館には豊富な学術書や貴重な資料がそろっているし、また購買施設などでも書店や文具店などが充実しており、勉学や研究のための環境が整っている」といったメッセージになっているのかもしれません。そこで、彼らは「だから、教育の質が高そうだ」という印象を形成することになります。

次に、たとえ同じようなネガティブな性質を持っている大学であっても、高校生などの受験生に与える印象がまるで違う場合があるという例を考えてみます。図6.をみながら説明していきます。

図6. 個別要素が与える3つの視点への影響 〜一見ネガティブな要素もプラスに作用することがある〜

[A大学]

総合評価

教育の質／学生生活／将来

立地／設備／カリキュラム／先生／就職

郊外にある
⇒環境が良く落ち着いた雰囲気。

[B大学]

総合評価

教育の質／学生生活／将来

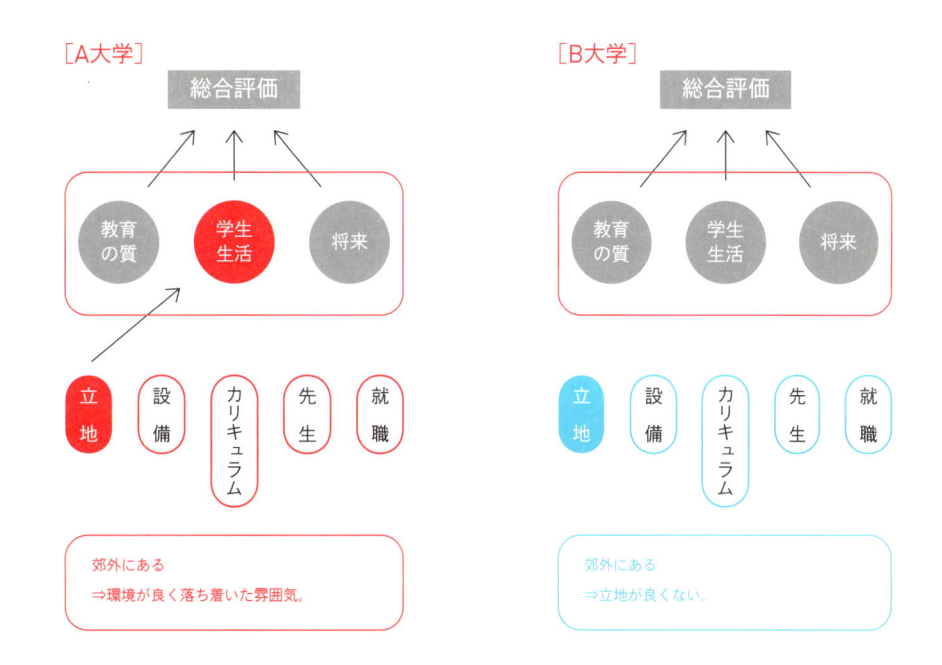

立地／設備／カリキュラム／先生／就職

郊外にある
⇒立地が良くない。

図6.に示したように、A大学とB大学はともに繁華街から離れた郊外にあり、アクセスも不便で、立地はあまり良くありません。しかし、A大学はその「立地」という要素が「学生生活」にプラスに影響しているのに対し、B大学は影響していません。これは、どのようなことが起きているのでしょうか。

例えば、次のようなことが考えられます。A大学が以下のようなメッセージを伝えていたとしたらどうでしょうか。「静かな環境で治安も良く、キャンパスも広々としており、ゆったりと落ち着いた雰囲気の中で、健全な学生時代を送ることができる」。このようなメッセージを受け取った高校生などの受験生の中には、「充実した学生生活が送れる」という印象が形成される人もいるかもしれません。都心から離れた一見不利に思える「立地」ですら、それをどのように意味づけるかによって大学の「価値」につながる場合があるのです。

また、1つの個別要素が、「教育の質」「学生生活」「将来」という3つの視点のうち1つだけに影響するのではなく、複数に影響することもあります。図7.をみながら説明していきます。

図7.個別要素が与える3つの視点への影響 〜1つの要素が複数に影響する場合がある〜

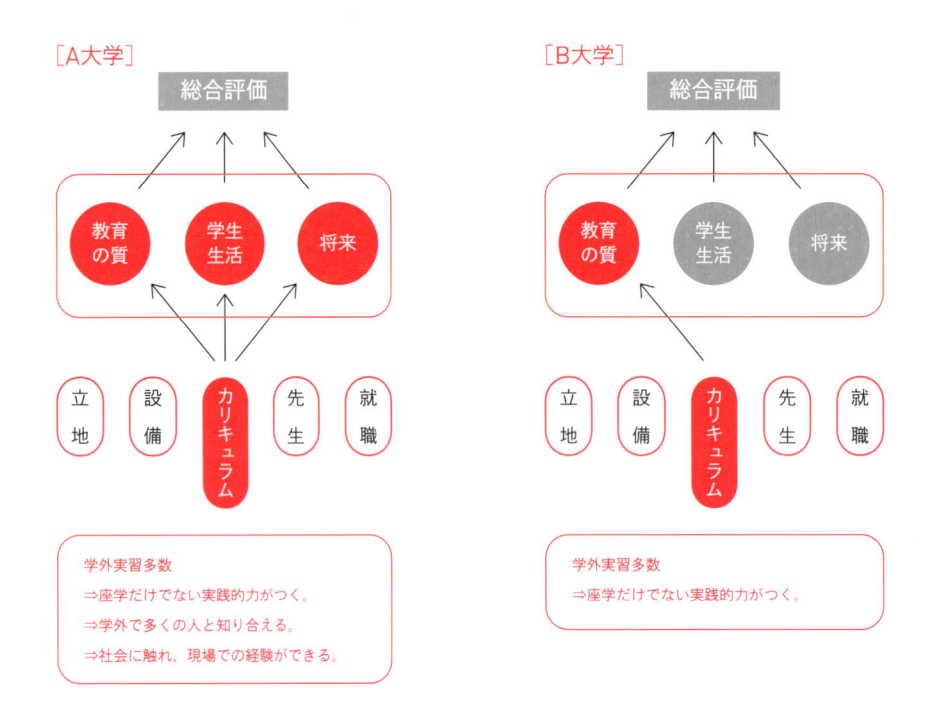

[A大学]

総合評価

教育の質　学生生活　将来

立地　設備　カリキュラム　先生　就職

学外実習多数
⇒座学だけでない実践的力がつく。
⇒学外で多くの人と知り合える。
⇒社会に触れ、現場での経験ができる。

[B大学]

総合評価

教育の質　学生生活　将来

立地　設備　カリキュラム　先生　就職

学外実習多数
⇒座学だけでない実践的力がつく。

　A大学とB大学では、ともに学外実習を伴う授業を多数導入しているとします。どちらの大学も「座学だけではなく実践的な力が身につけられる」というメッセージを発信しており、それが「教育の質が高い」という印象形成に寄与しています。しかし、B大学と違ってA大学では、「教育の質」以外に「学生生活」「将来」といった他の視点に対しても影響力が認められます。これは、どのようなことが起こっているのでしょうか。

　例えば、A大学が先のメッセージと合わせて次のようなことも伝えているとしたらどうでしょうか。「学外での実習で多くの人と触れ合うことができるので、学外にも多くの知り合いや友人をつくることができる」「社会に触れる経験が多く、実際に現場での経験・体験を通じて自分の将来の方向性をより具体的に感じ考えることができる」などです。もし、高校生などの受験生がこのようなメッセージも合わせて受け取っていたとすると、「だから、学生生活も充実するし、将来にもつながりそうだ」という印象を持つのではないでしょうか。

　このように、たとえ同じ資源を有していても、それをどのように意味づけて伝えるかによって印象形成のされ方が異なってくるということは重要です。その意味づけがわかりにくかったり、不十分だったりすれば、せっかく豊富な資源を有していたとしても高校生などの受験生は「価値」を感じることができないからです。大学が彼らに自校の情報を提供する際には、いかに大学の持つ資源である個別の具体的な要素を3つの視点などの「価値」に結びつけて伝えるかが重要になると考えられます。

3-3-3.
「価値」を基にして実現できる、より良い「大学選び」

　今回の調査の結果が示しているのは、大学と高校生などの受験生との間における「価値」に基づいたコミュニケーションの重要性だといえます。

　既にみたように、高校生などの受験生は偏差値などの代替指標はもちろん、エリア、分野などの条件のみで大学を選んでいるわけではありません。彼らは様々な方法で大学のことを知り、彼らなりに「価値」を感じられる大学を選んでいると考えられます。とすれば、大学は自校の他校にはない特徴や特色などをしっかり意味づけして、それらを正しく伝えるような取り組みや工夫をすることが有益なのではないでしょうか。

　こうしたコミュニケーションをとることで、大学は自校のことをより高校生などの受験生に知ってもらったり、理解してもらったりすることができるでしょう。「価値」を感じて入学した学生が多く集まれば、実際の教育レベルや学内の雰囲気、卒業後の実績の向上などが期待できます。近年問題になっている大学の退学者の問題の解決にも資するところがあるかもしれません。また、大学が「価値」に基づくコミュニケーションをすることは、「大学選び」を行う高校生などの受験生にとっても資するところが大きいはずです。なぜなら、大学が伝える「価値」に関する情報に触れることによって、彼らは"そこで学ぶことの意義や目的""自分の学びたいことや将来に合致するかどうか"などについてより具体的に考えることが可能となり、入学後のミスマッチが少なくなると考えられるからです。また、詳しくは次章で述べますが、大学選択は将来のキャリアをある程度規定するところがあると考えられるため、卒業後の就職先でのミスマッチなどを軽減させるなど、社会的な意義も大きいと考えられます。

　このように「価値」を基にした「大学選び」は、これからの大学のあり方、高校生の進路選択、そして社会全体のしくみなどを考えるにあたって、非常に有益でありかつ意義のある視点をもたらしてくれるのではないでしょうか。

参考データ③

短期大学の「価値」

　本報告書では4年制大学入学者による大学の「価値」を確認してきましたが、短期大学入学者による学校の「価値」についても以下で確認しています。

　データ45.は「4年制大学(国公立)」「4年制大学(私立)」「短大」の主な評価項目を比較しています。

※「短大」入学者データは、有効回答者の中から、平成24年度学校基本調査の「性別」「高卒／高卒以外」の割合を基にサンプリングした283人を使用した。

データ45. 短期大学の「価値」〜4年制大学との比較〜

<総合評価>

Q10_1　ぜひ入学したいと思っていた

			非常にそう思う	わりとそう思う	ややそう思う	どちらとも言えない	ややそう思わない	あまりそう思わない	まったくそう思わない	合計
学校種	4年制大学［国公立］	度数	1,328	489	272	108	42	53	28	2,320
		%	57.2%	21.1%	11.7%	4.7%	1.8%	2.3%	1.2%	100.0%
	4年制大学［私立］	度数	2,871	2,469	1,476	758	267	377	165	8,383
		%	34.2%	29.5%	17.6%	9.0%	3.2%	4.5%	2.0%	100.0%
	短大	度数	125	75	45	22	9	5	2	283
		%	44.2%	26.5%	15.9%	7.8%	3.2%	1.8%	0.7%	100.0%
合計		度数	4,324	3,033	1,793	888	318	435	195	10,986
		%	39.4%	27.6%	16.3%	8.1%	2.9%	4.0%	1.8%	100.0%

Q10_2　総合的に評価して、良い学校だ

			非常にそう思う	わりとそう思う	ややそう思う	どちらとも言えない	ややそう思わない	あまりそう思わない	まったくそう思わない	合計
学校種	4年制大学［国公立］	度数	1,110	778	295	99	18	11	9	2,320
		%	47.8%	33.5%	12.7%	4.3%	0.8%	0.5%	0.4%	100.0%
	4年制大学［私立］	度数	2,704	3,119	1,548	734	122	120	36	8,383
		%	32.3%	37.2%	18.5%	8.8%	1.5%	1.4%	0.4%	100.0%
	短大	度数	100	116	46	18	1	2	0	283
		%	35.3%	41.0%	16.3%	6.4%	0.4%	0.7%	0.0%	100.0%
合計		度数	3,914	4,013	1,889	851	141	133	45	10,986
		%	35.6%	36.5%	17.2%	7.7%	1.3%	1.2%	0.4%	100.0%

Q10_3　学校全体に活力を感じる

			非常にそう思う	わりとそう思う	ややそう思う	どちらとも言えない	ややそう思わない	あまりそう思わない	まったくそう思わない	合計
学校種	4年制大学［国公立］	度数	809	697	443	298	46	20	7	2,320
		%	34.9%	30.0%	19.1%	12.8%	2.0%	0.9%	0.3%	100.0%
	4年制大学［私立］	度数	2,230	2,676	1,828	1,303	170	125	51	8,383
		%	26.6%	31.9%	21.8%	15.5%	2.0%	1.5%	0.6%	100.0%
	短大	度数	78	103	61	33	3	3	2	283
		%	27.6%	36.4%	21.6%	11.7%	1.1%	1.1%	0.7%	100.0%
合計		度数	3,117	3,476	2,332	1,634	219	148	60	10,986
		%	28.4%	31.6%	21.2%	14.9%	2.0%	1.3%	0.5%	100.0%

Q10_4 【入学校】の学生であることに、ほこりがもてる

			非常に そう思う	わりと そう思う	やや そう思う	どちらとも 言えない	やや そう思わない	あまり そう思わない	まったく そう思わない	合計
学校種	4年制大学［国公立］	度数	1,009	579	376	268	32	40	16	2,320
		%	43.5%	25.0%	16.2%	11.6%	1.4%	1.7%	0.7%	100.0%
	4年制大学［私立］	度数	2,271	2,181	1,684	1,543	272	277	155	8,383
		%	27.1%	26.0%	20.1%	18.4%	3.2%	3.3%	1.8%	100.0%
	短大	度数	79	94	53	43	5	4	5	283
		%	27.9%	33.2%	18.7%	15.2%	1.8%	1.4%	1.8%	100.0%
合計		度数	3,359	2,854	2,113	1,854	309	321	176	10,986
		%	30.6%	26.0%	19.2%	16.9%	2.8%	2.9%	1.6%	100.0%

Q10_5 他の学校にはない「特徴や特色」がある

			非常に そう思う	わりと そう思う	やや そう思う	どちらとも 言えない	やや そう思わない	あまり そう思わない	まったく そう思わない	合計
学校種	4年制大学［国公立］	度数	937	538	387	378	40	29	11	2,320
		%	40.4%	23.2%	16.7%	16.3%	1.7%	1.3%	0.5%	100.0%
	4年制大学［私立］	度数	2,584	2,185	1,754	1,462	167	168	63	8,383
		%	30.8%	26.1%	20.9%	17.4%	2.0%	2.0%	0.8%	100.0%
	短大	度数	100	93	46	39	2	3	0	283
		%	35.3%	32.9%	16.3%	13.8%	0.7%	1.1%	0.0%	100.0%
合計		度数	3,621	2,816	2,187	1,879	209	200	74	10,986
		%	33.0%	25.6%	19.9%	17.1%	1.9%	1.8%	0.7%	100.0%

Q10_6 興味を持つ人がいれば、【入学校】を勧（すす）めたい

			非常に そう思う	わりと そう思う	やや そう思う	どちらとも 言えない	やや そう思わない	あまり そう思わない	まったく そう思わない	合計
学校種	4年制大学［国公立］	度数	935	516	390	393	39	29	18	2,320
		%	40.3%	22.2%	16.8%	16.9%	1.7%	1.3%	0.8%	100.0%
	4年制大学［私立］	度数	2,282	2,114	1,606	1,814	196	226	145	8,383
		%	27.2%	25.2%	19.2%	21.6%	2.3%	2.7%	1.7%	100.0%
	短大	度数	93	91	47	43	2	5	2	283
		%	32.9%	32.2%	16.6%	15.2%	0.7%	1.8%	0.7%	100.0%
合計		度数	3,310	2,721	2,043	2,250	237	260	165	10,986
		%	30.1%	24.8%	18.6%	20.5%	2.2%	2.4%	1.5%	100.0%

Q10_7 自分が打ち込めることや、やりたい仕事が見つかる

			非常に そう思う	わりと そう思う	やや そう思う	どちらとも 言えない	やや そう思わない	あまり そう思わない	まったく そう思わない	合計
学校種	4年制大学［国公立］	度数	971	601	368	327	26	21	6	2,320
		%	41.9%	25.9%	15.9%	14.1%	1.1%	0.9%	0.3%	100.0%
	4年制大学［私立］	度数	2,817	2,360	1,624	1,308	111	102	61	8,383
		%	33.6%	28.2%	19.4%	15.6%	1.3%	1.2%	0.7%	100.0%
	短大	度数	117	86	51	22	4	2	1	283
		%	41.3%	30.4%	18.0%	7.8%	1.4%	0.7%	0.4%	100.0%
合計		度数	3,905	3,047	2,043	1,657	141	125	68	10,986
		%	35.5%	27.7%	18.6%	15.1%	1.3%	1.1%	0.6%	100.0%

<3つの視点>

Q11_11　実力が身につく

			非常に そう思う	やや そう思う	どちらとも 言えない	あまり そう思わない	まったく そう思わない	合計
学校種	4年制大学［国公立］	度数	952	1,007	322	32	7	2,320
		%	41.0%	43.4%	13.9%	1.4%	0.3%	100.0%
	4年制大学［私立］	度数	2,371	3,937	1,779	244	52	8,383
		%	28.3%	47.0%	21.2%	2.9%	0.6%	100.0%
	短大	度数	109	139	33	2	0	283
		%	38.5%	49.1%	11.7%	0.7%	0.0%	100.0%
合計		度数	3,432	5,083	2,134	278	59	10,986
		%	31.2%	46.3%	19.4%	2.5%	0.5%	100.0%

Q11_12　教育の質が高い

			非常に そう思う	やや そう思う	どちらとも 言えない	あまり そう思わない	まったく そう思わない	合計
学校種	4年制大学［国公立］	度数	933	897	439	42	9	2,320
		%	40.2%	38.7%	18.9%	1.8%	0.4%	100.0%
	4年制大学［私立］	度数	2,126	3,477	2,432	284	64	8,383
		%	25.4%	41.5%	29.0%	3.4%	0.8%	100.0%
	短大	度数	84	126	67	5	1	283
		%	29.7%	44.5%	23.7%	1.8%	0.4%	100.0%
合計		度数	3,143	4,500	2,938	331	74	10,986
		%	28.6%	41.0%	26.7%	3.0%	0.7%	100.0%

Q11_13　学校内で快適に過ごせる

			非常に そう思う	やや そう思う	どちらとも 言えない	あまり そう思わない	まったく そう思わない	合計
学校種	4年制大学［国公立］	度数	754	1,036	463	60	7	2,320
		%	32.5%	44.7%	20.0%	2.6%	0.3%	100.0%
	4年制大学［私立］	度数	2,224	3,956	1,964	188	51	8,383
		%	26.5%	47.2%	23.4%	2.2%	0.6%	100.0%
	短大	度数	77	143	60	3	0	283
		%	27.2%	50.5%	21.2%	1.1%	0.0%	100.0%
合計		度数	3,055	5,135	2,487	251	58	10,986
		%	27.8%	46.7%	22.6%	2.3%	0.5%	100.0%

Q11_14　楽しい学生時代を過ごせる

			非常に そう思う	やや そう思う	どちらとも 言えない	あまり そう思わない	まったく そう思わない	合計
学校種	4年制大学［国公立］	度数	811	1,059	393	47	10	2,320
		%	35.0%	45.6%	16.9%	2.0%	0.4%	100.0%
	4年制大学［私立］	度数	2,437	3,851	1,847	196	52	8,383
		%	29.1%	45.9%	22.0%	2.3%	0.6%	100.0%
	短大	度数	83	143	52	4	1	283
		%	29.3%	50.5%	18.4%	1.4%	0.4%	100.0%
合計		度数	3,331	5,053	2,292	247	63	10,986
		%	30.3%	46.0%	20.9%	2.2%	0.6%	100.0%

Q11_15　取りたい資格が取得できる

			非常に そう思う	やや そう思う	どちらとも 言えない	あまり そう思わない	まったく そう思わない	合計
学校種	4年制大学［国公立］	度数	775	736	671	100	38	2,320
		%	33.4%	31.7%	28.9%	4.3%	1.6%	100.0%
	4年制大学［私立］	度数	2,960	2,983	2,072	287	81	8,383
		%	35.3%	35.6%	24.7%	3.4%	1.0%	100.0%
	短大	度数	157	81	29	10	6	283
		%	55.5%	28.6%	10.2%	3.5%	2.1%	100.0%
合計		度数	3,892	3,800	2,772	397	125	10,986
		%	35.4%	34.6%	25.2%	3.6%	1.1%	100.0%

Q11_16　将来、良い就職ができる

			非常に そう思う	やや そう思う	どちらとも 言えない	あまり そう思わない	まったく そう思わない	合計
学校種	4年制大学［国公立］	度数	800	897	524	83	16	2,320
		%	34.5%	38.7%	22.6%	3.6%	0.7%	100.0%
	4年制大学［私立］	度数	2,437	3,332	2,150	349	115	8,383
		%	29.1%	39.7%	25.6%	4.2%	1.4%	100.0%
	短大	度数	114	110	45	11	3	283
		%	40.3%	38.9%	15.9%	3.9%	1.1%	100.0%
合計		度数	3,351	4,339	2,719	443	134	10,986
		%	30.5%	39.5%	24.7%	4.0%	1.2%	100.0%

Q11_17　卒業後、希望する道に進める

			非常に そう思う	やや そう思う	どちらとも 言えない	あまり そう思わない	まったく そう思わない	合計
学校種	4年制大学［国公立］	度数	900	865	482	54	19	2,320
		%	38.8%	37.3%	20.8%	2.3%	0.8%	100.0%
	4年制大学［私立］	度数	2,568	3,309	2,106	304	96	8,383
		%	30.6%	39.5%	25.1%	3.6%	1.1%	100.0%
	短大	度数	123	115	38	6	1	283
		%	43.5%	40.6%	13.4%	2.1%	0.4%	100.0%
合計		度数	3,591	4,289	2,626	364	116	10,986
		%	32.7%	39.0%	23.9%	3.3%	1.1%	100.0%

Q11_18　自分に合った将来につながる

			非常に そう思う	やや そう思う	どちらとも 言えない	あまり そう思わない	まったく そう思わない	合計
学校種	4年制大学［国公立］	度数	1,033	875	366	35	11	2,320
		%	44.5%	37.7%	15.8%	1.5%	0.5%	100.0%
	4年制大学［私立］	度数	2,961	3,461	1,685	214	62	8,383
		%	35.3%	41.3%	20.1%	2.6%	0.7%	100.0%
	短大	度数	136	107	38	2	0	283
		%	48.1%	37.8%	13.4%	0.7%	0.0%	100.0%
合計		度数	4,130	4,443	2,089	251	73	10,986
		%	37.6%	40.4%	19.0%	2.3%	0.7%	100.0%

<イメージ>

Q11_2　社会的に評価されている

			非常に そう思う	やや そう思う	どちらとも 言えない	あまり そう思わない	まったく そう思わない	合計
学校種	4年制大学［国公立］	度数	701	984	434	163	38	2,320
		%	30.2%	42.4%	18.7%	7.0%	1.6%	100.0%
	4年制大学［私立］	度数	1,972	3,413	2,130	659	209	8,383
		%	23.5%	40.7%	25.4%	7.9%	2.5%	100.0%
	短大	度数	43	116	95	21	8	283
		%	15.2%	41.0%	33.6%	7.4%	2.8%	100.0%
合計		度数	2,716	4,513	2,659	843	255	10,986
		%	24.7%	41.1%	24.2%	7.7%	2.3%	100.0%

Q11_3　学校のレベルが高い

			非常に そう思う	やや そう思う	どちらとも 言えない	あまり そう思わない	まったく そう思わない	合計
学校種	4年制大学［国公立］	度数	670	889	483	229	49	2,320
		%	28.9%	38.3%	20.8%	9.9%	2.1%	100.0%
	4年制大学［私立］	度数	1,304	2,615	2,573	1,402	489	8,383
		%	15.6%	31.2%	30.7%	16.7%	5.8%	100.0%
	短大	度数	21	75	117	53	17	283
		%	7.4%	26.5%	41.3%	18.7%	6.0%	100.0%
合計		度数	1,995	3,579	3,173	1,684	555	10,986
		%	18.2%	32.6%	28.9%	15.3%	5.1%	100.0%

Q11_1　知名度がある

			非常に そう思う	やや そう思う	どちらとも 言えない	あまり そう思わない	まったく そう思わない	合計
学校種	4年制大学［国公立］	度数	671	834	378	334	103	2,320
		%	28.9%	35.9%	16.3%	14.4%	4.4%	100.0%
	4年制大学［私立］	度数	2,945	3,056	1,249	856	277	8,383
		%	35.1%	36.5%	14.9%	10.2%	3.3%	100.0%
	短大	度数	53	100	74	43	13	283
		%	18.7%	35.3%	26.1%	15.2%	4.6%	100.0%
合計		度数	3,669	3,990	1,701	1,233	393	10,986
		%	33.4%	36.3%	15.5%	11.2%	3.6%	100.0%

Q11_4　伝統がある

			非常に そう思う	やや そう思う	どちらとも 言えない	あまり そう思わない	まったく そう思わない	合計
学校種	4年制大学［国公立］	度数	828	790	504	153	45	2,320
		%	35.7%	34.1%	21.7%	6.6%	1.9%	100.0%
	4年制大学［私立］	度数	2,792	2,859	1,867	669	196	8,383
		%	33.3%	34.1%	22.3%	8.0%	2.3%	100.0%
	短大	度数	76	105	76	18	8	283
		%	26.9%	37.1%	26.9%	6.4%	2.8%	100.0%
合計		度数	3,696	3,754	2,447	840	249	10,986
		%	33.6%	34.2%	22.3%	7.6%	2.3%	100.0%

Q11_5　自由である

			非常に そう思う	やや そう思う	どちらとも 言えない	あまり そう思わない	まったく そう思わない	合計
学校種	4年制大学［国公立］	度数	451	857	885	106	21	2,320
		%	19.4%	36.9%	38.1%	4.6%	0.9%	100.0%
	4年制大学［私立］	度数	1,550	3,284	3,087	373	89	8,383
		%	18.5%	39.2%	36.8%	4.4%	1.1%	100.0%
	短大	度数	23	119	116	23	2	283
		%	8.1%	42.0%	41.0%	8.1%	0.7%	100.0%
合計		度数	2,024	4,260	4,088	502	112	10,986
		%	18.4%	38.8%	37.2%	4.6%	1.0%	100.0%

Q11_6　おしゃれ

			非常に そう思う	やや そう思う	どちらとも 言えない	あまり そう思わない	まったく そう思わない	合計
学校種	4年制大学［国公立］	度数	85	344	1144	565	182	2,320
		%	3.7%	14.8%	49.3%	24.4%	7.8%	100.0%
	4年制大学［私立］	度数	1,183	2,240	3,674	1,011	275	8,383
		%	14.1%	26.7%	43.8%	12.1%	3.3%	100.0%
	短大	度数	28	99	122	28	6	283
		%	9.9%	35.0%	43.1%	9.9%	2.1%	100.0%
合計		度数	1,296	2,683	4,940	1,604	463	10,986
		%	11.8%	24.4%	45.0%	14.6%	4.2%	100.0%

Q11_7　上品

			非常に そう思う	やや そう思う	どちらとも 言えない	あまり そう思わない	まったく そう思わない	合計
学校種	4年制大学［国公立］	度数	112	444	1,236	418	110	2,320
		%	4.8%	19.1%	53.3%	18.0%	4.7%	100.0%
	4年制大学［私立］	度数	927	2,023	3,857	1,265	311	8,383
		%	11.1%	24.1%	46.0%	15.1%	3.7%	100.0%
	短大	度数	37	99	106	33	8	283
		%	13.1%	35.0%	37.5%	11.7%	2.8%	100.0%
合計		度数	1,076	2,566	5,199	1,716	429	10,986
		%	9.8%	23.4%	47.3%	15.6%	3.9%	100.0%

Q11_8　派手

			非常に そう思う	やや そう思う	どちらとも 言えない	あまり そう思わない	まったく そう思わない	合計
学校種	4年制大学［国公立］	度数	20	88	838	874	500	2,320
		%	0.9%	3.8%	36.1%	37.7%	21.6%	100.0%
	4年制大学［私立］	度数	344	1,069	3,917	2,300	753	8,383
		%	4.1%	12.8%	46.7%	27.4%	9.0%	100.0%
	短大	度数	4	33	128	85	33	283
		%	1.4%	11.7%	45.2%	30.0%	11.7%	100.0%
合計		度数	368	1,190	4,883	3,259	1,286	10,986
		%	3.3%	10.8%	44.4%	29.7%	11.7%	100.0%

Q11_9　先進的

			非常に そう思う	やや そう思う	どちらとも 言えない	あまり そう思わない	まったく そう思わない	合計
学校種	4年制大学［国公立］	度数	367	725	900	260	68	2,320
		%	15.8%	31.3%	38.8%	11.2%	2.9%	100.0%
	4年制大学［私立］	度数	1,120	2,800	3,602	707	154	8,383
		%	13.4%	33.4%	43.0%	8.4%	1.8%	100.0%
	短大	度数	32	89	130	28	4	283
		%	11.3%	31.4%	45.9%	9.9%	1.4%	100.0%
合計		度数	1,519	3,614	4,632	995	226	10,986
		%	13.8%	32.9%	42.2%	9.1%	2.1%	100.0%

Q11_10　活動的

			非常に そう思う	やや そう思う	どちらとも 言えない	あまり そう思わない	まったく そう思わない	合計
学校種	4年制大学［国公立］	度数	439	898	813	142	28	2,320
		%	18.9%	38.7%	35.0%	6.1%	1.2%	100.0%
	4年制大学［私立］	度数	1,543	3,405	2,938	409	88	8,383
		%	18.4%	40.6%	35.0%	4.9%	1.0%	100.0%
	短大	度数	61	115	92	11	4	283
		%	21.6%	40.6%	32.5%	3.9%	1.4%	100.0%
合計		度数	2,043	4,418	3,843	562	120	10,986
		%	18.6%	40.2%	35.0%	5.1%	1.1%	100.0%

<学費>

Q13　【入学校】の学費は、同じような分野や内容の他校と比べて、どのように思いますか。

			とても 高い	やや 高い	同じ くらい	やや 安い	とても 安い	合計
学校種	4年制大学［国公立］	度数	30	97	1324	485	384	2,320
		%	1.3%	4.2%	57.1%	20.9%	16.6%	100.0%
	4年制大学［私立］	度数	1,040	2,650	3,542	975	176	8,383
		%	12.4%	31.6%	42.3%	11.6%	2.1%	100.0%
	短大	度数	20	73	122	40	28	283
		%	7.1%	25.8%	43.1%	14.1%	9.9%	100.0%
合計		度数	1,090	2,820	4,988	1,500	588	10,986
		%	9.9%	25.7%	45.4%	13.7%	5.4%	100.0%

第 4 章
将来と「大学選び」

4-1.　高校生の将来と「大学選び」の関係を考える

4-1-1.　「大学選び」は高校生の将来に影響を与える

4-2.　将来を意識することで「大学選び」は変わるか

4-2-1.　大学進学者のほとんどが将来の仕事をイメージしている

4-2-2.　将来をイメージしている人ほど大学を「価値」で選んでおり、入学後の意欲も高い

4-2-3.　より良い「大学選び」を 実現するために

参考データ④　将来の仕事をイメージしている人の割合

参考データ⑤　入学後の意欲の地域差

4-1. 高校生の将来と「大学選び」の関係を考える

4-1-1.
「大学選び」は高校生の将来に影響を与える

　高校生などの受験生にとって「大学選び」は最終のゴールではありません。将来どのような仕事に就くのか、どのような生き方をするのかなど、長い人生のキャリア選択の一過程と考えられます。

　出身校や学部などの学歴によって年収や社会的な地位に差が出る場合もあり、「大学選び」がその人の進路を決める分岐点になるかもしれないことは、誰しもが暗に感じているのではないでしょうか。このような考え方は、学術的には「トラッキング・システム（tracking system）」と呼ばれ、どのような進路や大学に進むかといったコースを選ぶことによって、卒業後の進路が規定されてしまうという事実が明らかにされてきました。

　また、出身校や学部だけでなく、入学後、大学でどのような大学生活を過ごすか、そこでどれだけの経験や体験を積み重ねることができるかによっても、学生の将来は大きく変わると考えられます。「大学全入時代」を迎え、大学の個性化が進む中では、「大学選び」やそこでの学生時代の経験が彼らの将来に及ぼす影響はますます高まることになるでしょう。

　こうした社会状況の中、高校生などの受験生の側も「大学選び」を行うにあたり、偏差値や分野のことだけではなく、より将来のことを意識するようになると考えられます。例えば、将来の仕事やキャリアを考えて入学する大学を選んだり、この大学のこの学部に進むことで自分の将来がどのようにひらけるのかを考えたりするなど、自分の将来のことを従来よりも意識した「大学選び」が行われるようになるのではないでしょうか。

　本章では、「第一回テレメール全国一斉進学調査」の結果データを基に、このような高校生などの受験生の将来への意識と、「大学選び」の関係性について明らかにするとともに、あるべき「大学選び」について考えてみることにします。

4-2. 将来を意識することで「大学選び」は変わるか

4-2-1.
大学進学者のほとんどが将来の仕事をイメージしている

　それでは、高校生などの受験生は将来をどの程度イメージして「大学選び」をしているのでしょうか。ここではまず、彼らが将来の仕事についてどれくらい意識しているのかを今回の調査データから確認してみます。

　データ46.は、今回の調査対象者が「将来の仕事について、どの程度決めているか」「将来つきたい仕事について、話を聞いたり調べたりしているか」について尋ねた結果です。「将来の仕事について、どの程度決めているか」については、「はっきり決めている」（19.7％）「ほとんど決めている」（21.9％）「なんとなく決めている」（34.9％）を合わせると、実に8割近くが「決めている」と回答しています。「将来つきたい仕事について、話を聞いたり調べたりしているか」については、「ややしている」（40.2％）と「している」（18.8％）を合わせると、約6割が「している」と答えていることになります。また、男性と女性を比較すると、いずれの項目も女性のほうが「決めている」「している」の割合が若干高くなっています。

　ここ数年の初等中等教育でのキャリア教育の普及や、若者の就職率の低下、離職率の増加といった様々な社会情勢があります。このような状況の中で、大学に入学する時点で、将来の仕事をイメージしている人は少なくありません。

データ46. 将来の仕事をイメージしている人の割合＜全体＞

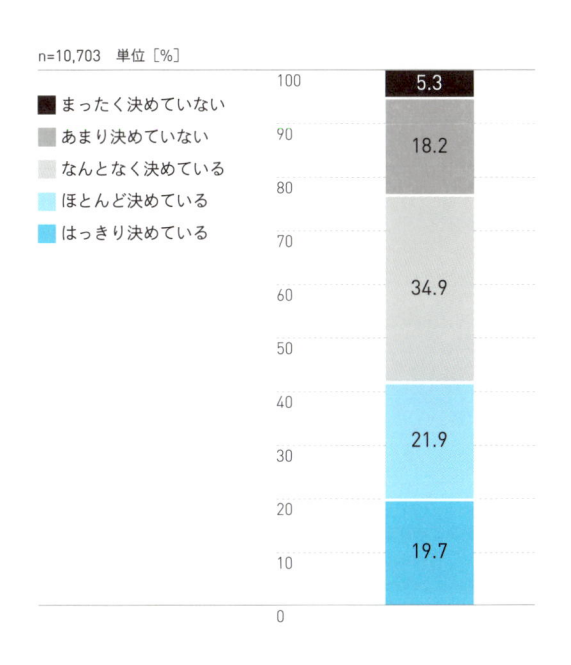

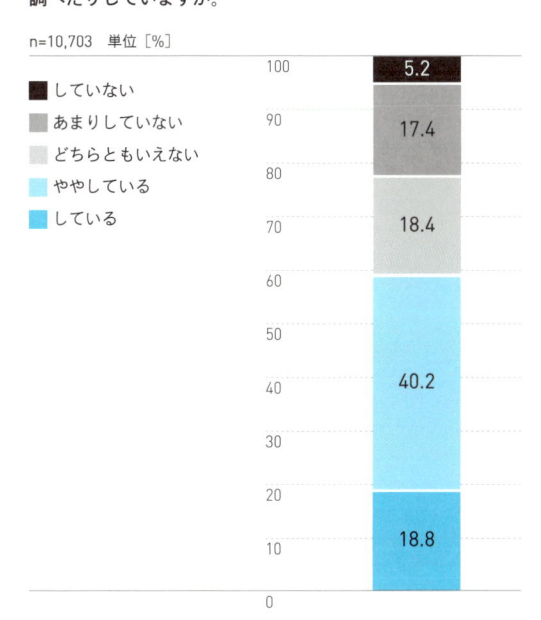

将来の仕事について、どの程度決めていますか。

n=10,703　単位[％]

- まったく決めていない: 5.3
- あまり決めていない: 18.2
- なんとなく決めている: 34.9
- ほとんど決めている: 21.9
- はっきり決めている: 19.7

「将来つきたい仕事」について、話を聞いたり、調べたりしていますか。

n=10,703　単位[％]

- していない: 5.2
- あまりしていない: 17.4
- どちらともいえない: 18.4
- やや している: 40.2
- している: 18.8

データ47. 将来の仕事をイメージしている人の割合＜男女別＞

将来の仕事について、どの程度決めていますか。

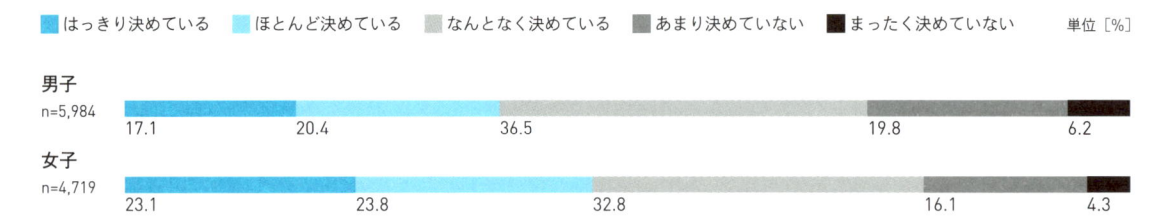

■ はっきり決めている　■ ほとんど決めている　■ なんとなく決めている　■ あまり決めていない　■ まったく決めていない　単位[%]

男子 n=5,984　17.1 ｜ 20.4 ｜ 36.5 ｜ 19.8 ｜ 6.2

女子 n=4,719　23.1 ｜ 23.8 ｜ 32.8 ｜ 16.1 ｜ 4.3

「将来つきたい仕事」について、話を聞いたり、調べたりしていますか。

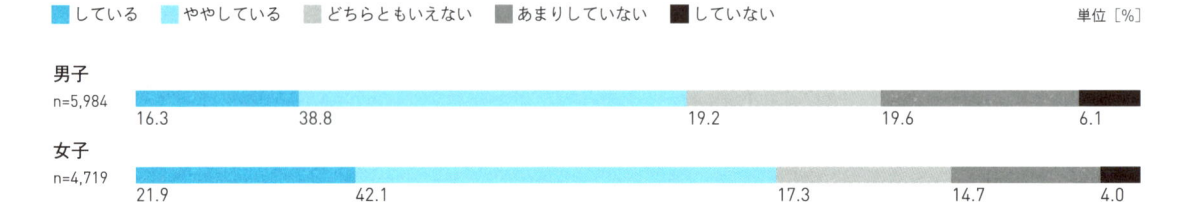

■ している　■ ややしている　■ どちらともいえない　■ あまりしていない　■ していない　単位[%]

男子 n=5,984　16.3 ｜ 38.8 ｜ 19.2 ｜ 19.6 ｜ 6.1

女子 n=4,719　21.9 ｜ 42.1 ｜ 17.3 ｜ 14.7 ｜ 4.0

　また、高校生などの受験生は大学進学にあたって将来を意識しているだけでなく、進学先を実際に選ぶ場面においても、自分のキャリアなど将来につながる「価値」があると感じられる大学を選択しているようです。データ48.は、彼らが入学する大学に対して「将来、良い就職ができる」「自分に合った将来につながる」と考えているかどうか尋ねた設問への回答結果です。「非常にそう思う」と「ややそう思う」と答えた割合は、「将来、良い就職ができる」では合わせて69.7％、「自分に合った将来につながる」では同じく77.8％で、それぞれ全体の7割から8割程度を占めました。

データ 48. 入学校評価〜将来良い就職／自分に合った将来〜

将来、良い就職ができる

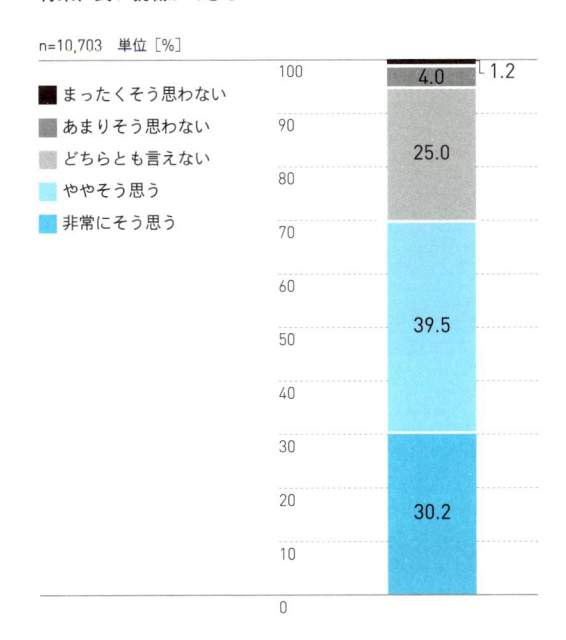

n=10,703 単位［%］

区分	%
まったくそう思わない	1.2
あまりそう思わない	4.0
どちらとも言えない	25.0
ややそう思う	39.5
非常にそう思う	30.2

自分に合った将来につながる

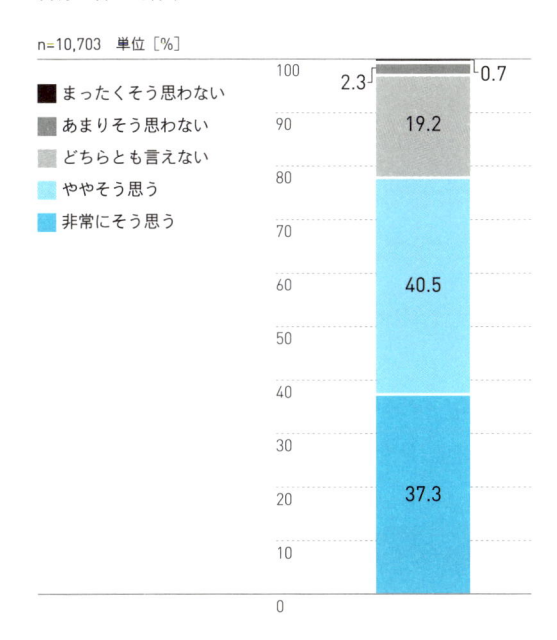

n=10,703 単位［%］

区分	%
まったくそう思わない	0.7
あまりそう思わない	2.3
どちらとも言えない	19.2
ややそう思う	40.5
非常にそう思う	37.3

4-2-2.
将来をイメージしている人ほど大学を「価値」で選んでおり、入学後の意欲も高い

　ここまで、高校生などの受験生の多くが将来のことをイメージして入学しているという状況を確認してきました。次に、第3章まででみてきた「価値」に基づく「大学選び」と彼らの将来へのイメージとの関係、さらには入学後の意欲との関連などについても、調査データから実態を確認してみましょう。

　データ49.は、将来の仕事へのイメージがどの程度できているかと、「価値」を感じて入学した人の割合の関係を示したものです。「将来の仕事について、どの程度決めているか」についてみると、「価値を感じて入学した人」の割合は「はっきり決めている」で58.1%、「ほとんど決めている」で52.8%、「なんとなく決めている」で45.0%、「あまり決めていない」で34.5%、「まったく決めていない」で21.8%と、決めている人ほど「価値」を感じて入学することができている傾向です。また、「将来つきたい仕事について、話を聞いたり調べたりしているか」についてみても、ほぼ同様の傾向が認められます。

　「大学選び」をするにあたって、将来の仕事をイメージしている人ほど自分にとっての「価値」という切り口で大学を選ぶことができており、反対に、将来の仕事をあまりイメージできていない人は、「価値」を感じて選ぶことが難しくなる状況がわかります。

データ 49. 将来をイメージすることと、「価値」に基づく「大学選び」の関係

「価値」を感じて入学した人の割合 ＜「将来の仕事について、どの程度決めていますか」の回答別＞

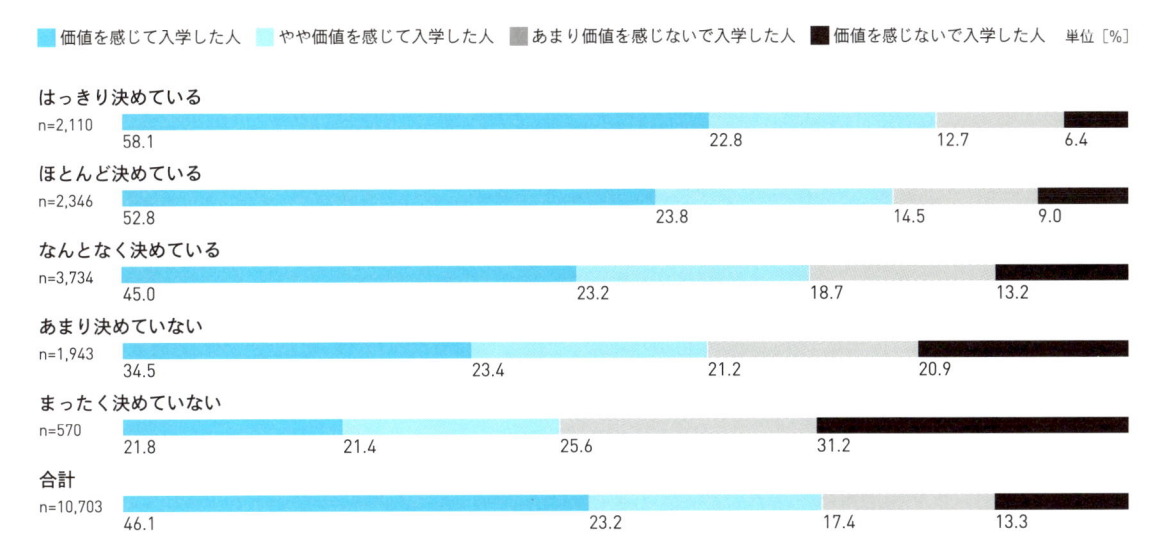

■ 価値を感じて入学した人　■ やや価値を感じて入学した人　■ あまり価値を感じないで入学した人　■ 価値を感じないで入学した人　単位［％］

はっきり決めている
n=2,110
| 58.1 | 22.8 | 12.7 | 6.4 |

ほとんど決めている
n=2,346
| 52.8 | 23.8 | 14.5 | 9.0 |

なんとなく決めている
n=3,734
| 45.0 | 23.2 | 18.7 | 13.2 |

あまり決めていない
n=1,943
| 34.5 | 23.4 | 21.2 | 20.9 |

まったく決めていない
n=570
| 21.8 | 21.4 | 25.6 | 31.2 |

合計
n=10,703
| 46.1 | 23.2 | 17.4 | 13.3 |

「価値」を感じて入学した人の割合 ＜「『将来つきたい仕事』について、話を聞いたり、調べたりしていますか」の回答別＞

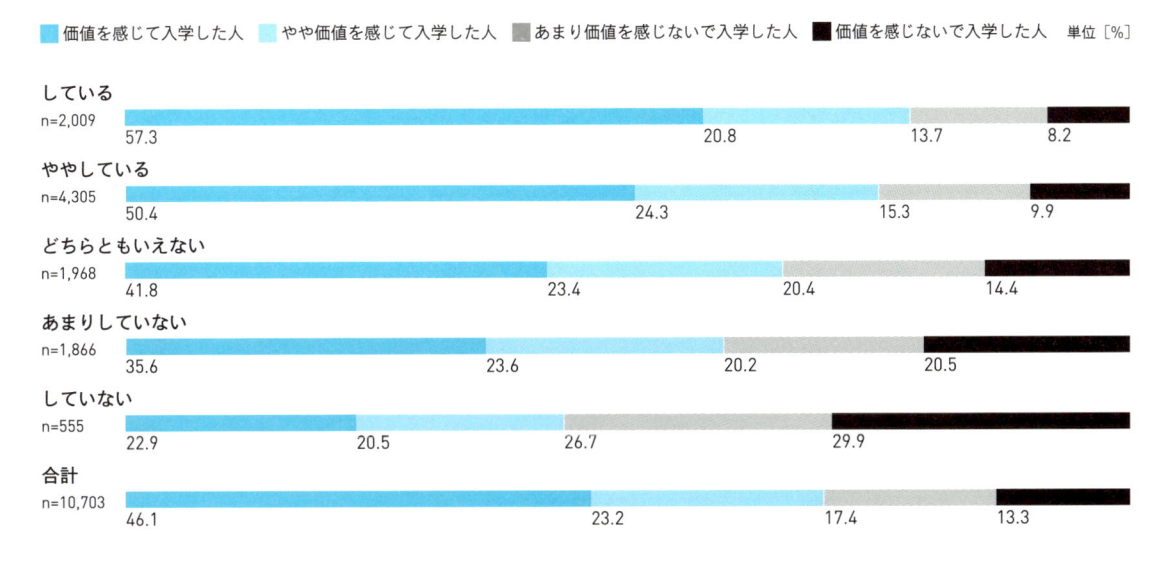

■ 価値を感じて入学した人　■ やや価値を感じて入学した人　■ あまり価値を感じないで入学した人　■ 価値を感じないで入学した人　単位［％］

している
n=2,009
| 57.3 | 20.8 | 13.7 | 8.2 |

ややしている
n=4,305
| 50.4 | 24.3 | 15.3 | 9.9 |

どちらともいえない
n=1,968
| 41.8 | 23.4 | 20.4 | 14.4 |

あまりしていない
n=1,866
| 35.6 | 23.6 | 20.2 | 20.5 |

していない
n=555
| 22.9 | 20.5 | 26.7 | 29.9 |

合計
n=10,703
| 46.1 | 23.2 | 17.4 | 13.3 |

第3章では、多くの高校生などの受験生が「価値」を感じて大学に入学している一方で、あまり「価値」を感じないで入学した人も大学進学者全体の3割程度は存在するというデータをご紹介しました（第3章 P.56）。「価値」が感じられなかった背景には、いろいろなことがあると考えられますが、前述のデータからは、高校生などの受験生の側にも一因があるように感じられます。つまり、仕事など将来をイメージできている人は目的意識がよりはっきりしているので、「この大学に入ることは自分にとってどのような『価値』があるのか」という吟味が十分であるのに対して、将来をイメージできない人は、どうしても偏差値やあるいは「通いやすさ」「設備」などの条件的な事柄を重要視した「大学選び」になってしまうのではないでしょうか。

　ところで、「価値」を基にした「大学選び」は入学後の学生の意欲にも密接な関係があることも、今回の調査データでわかりました。データ50.は、入学後の「幅広くいろいろなことを学びたい」「ボランティアをしたい」「留学したい」「機会があれば『仕事』を経験してみたい」といった意欲と、大学に「価値」を感じて入学したかどうかとの関係を示したものです。

　「価値」を感じて入学した人ほど、「幅広くいろいろなことを学びたい」などの学習への意欲、「ボランティアをしたい」などの社会への働きかけの意欲、「留学したい」などの海外に出ることに対する意欲、「機会があれば『仕事』を経験してみたい」などの将来の仕事に対する意欲について、「非常にそう思う」「わりとそう思う」「ややそう思う」という肯定的な割合がいずれも高くなっていることがわかります。ちなみに、大学生によくみられる「遊びたい」「アルバイトをしたい」といった項目には、特にそうした関係はみられないようです。

第4章 将来と「大学選び」

データ50.「価値」に基づく「大学選び」と、入学後の意欲との関係

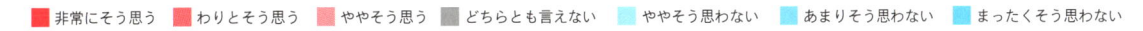

■非常にそう思う ■わりとそう思う ■ややそう思う ■どちらとも言えない ■ややそう思わない ■あまりそう思わない ■まったくそう思わない

価値を感じて入学した人 n=4,937　やや価値を感じて入学した人 n=2,481　あまり価値を感じないで入学した人 n=1,862　価値を感じないで入学した人 n=1,423

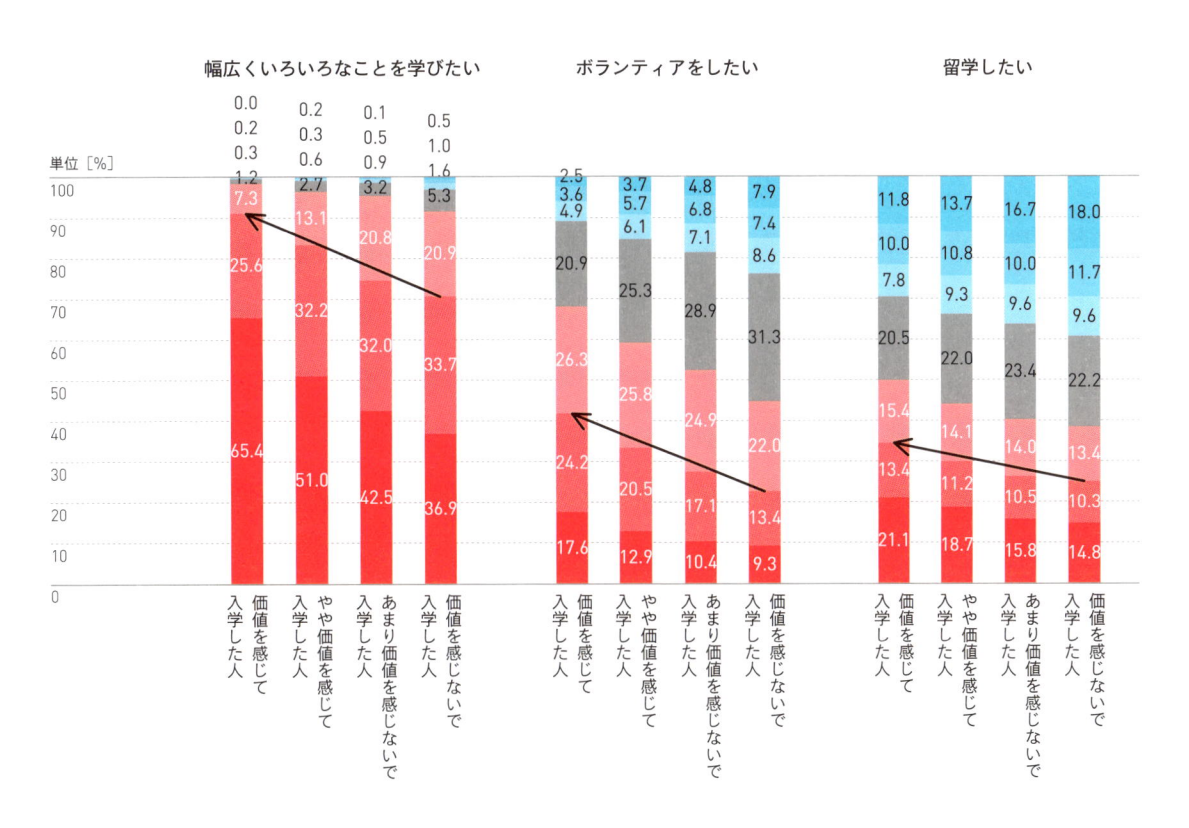

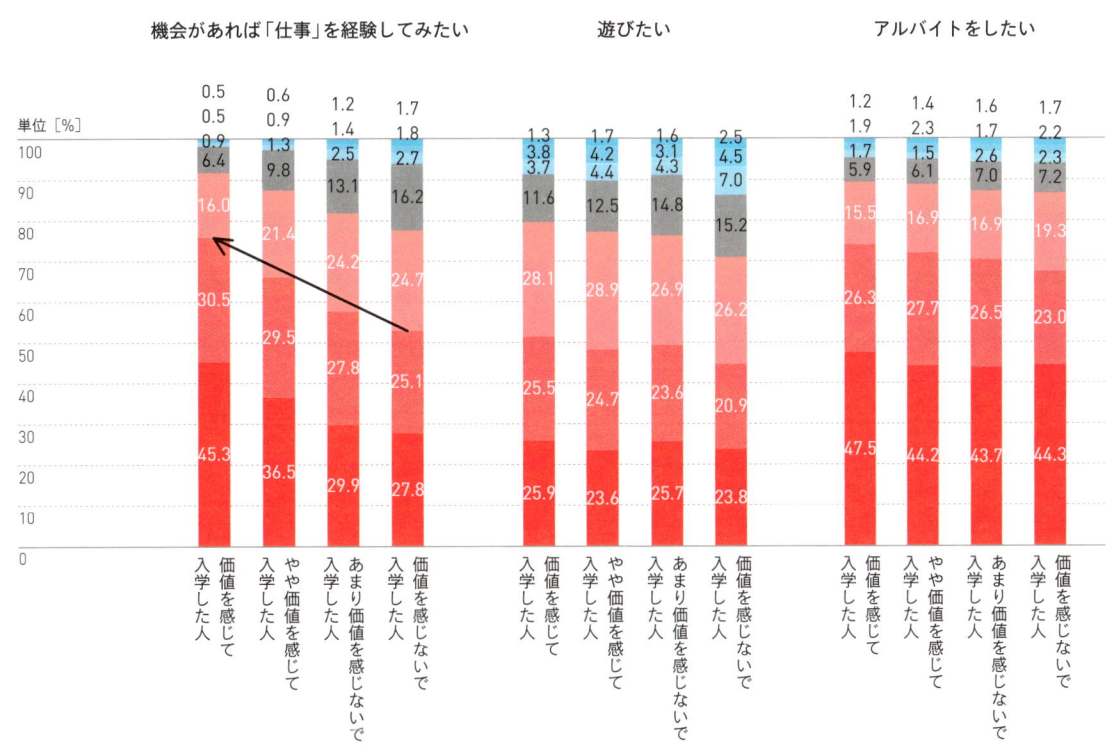

幅広くいろいろなことを学びたい

区分	価値を感じて入学した人	やや価値を感じて入学した人	あまり価値を感じないで入学した人	価値を感じないで入学した人
非常にそう思う	65.4	51.0	42.5	36.9
わりとそう思う	25.6	32.2	32.0	33.7
ややそう思う	7.3	13.1	20.8	20.9
どちらとも言えない	1.2	2.7	3.2	5.3
ややそう思わない	0.3	0.6	0.9	1.6
あまりそう思わない	0.2	0.3	0.5	1.0
まったくそう思わない	0.0	0.2	0.1	0.5

ボランティアをしたい

区分	価値を感じて入学した人	やや価値を感じて入学した人	あまり価値を感じないで入学した人	価値を感じないで入学した人
非常にそう思う	17.6	12.9	10.4	9.3
わりとそう思う	24.2	20.5	17.1	13.4
ややそう思う	26.3	25.8	24.9	22.0
どちらとも言えない	20.9	25.3	28.9	31.3
ややそう思わない	4.9	6.1	7.1	8.6
あまりそう思わない	3.6	5.7	6.8	7.4
まったくそう思わない	2.5	3.7	4.8	7.9

留学したい

区分	価値を感じて入学した人	やや価値を感じて入学した人	あまり価値を感じないで入学した人	価値を感じないで入学した人
非常にそう思う	21.1	18.7	15.8	14.8
わりとそう思う	13.4	11.2	10.5	10.3
ややそう思う	15.4	14.1	14.0	13.4
どちらとも言えない	20.5	22.0	23.4	22.2
ややそう思わない	7.8	9.3	9.6	9.6
あまりそう思わない	10.0	10.8	10.0	11.7
まったくそう思わない	11.8	13.7	16.7	18.0

機会があれば「仕事」を経験してみたい

区分	価値を感じて入学した人	やや価値を感じて入学した人	あまり価値を感じないで入学した人	価値を感じないで入学した人
非常にそう思う	45.3	36.5	29.9	27.8
わりとそう思う	30.5	29.5	27.8	25.1
ややそう思う	16.0	21.4	24.2	24.7
どちらとも言えない	6.4	9.8	13.1	16.2
ややそう思わない	0.9	1.3	2.5	2.7
あまりそう思わない	0.5	0.9	1.4	1.8
まったくそう思わない	0.5	0.6	1.2	1.7

遊びたい

区分	価値を感じて入学した人	やや価値を感じて入学した人	あまり価値を感じないで入学した人	価値を感じないで入学した人
非常にそう思う	25.9	23.6	25.7	23.8
わりとそう思う	25.5	24.7	23.6	20.9
ややそう思う	28.1	28.9	26.9	26.2
どちらとも言えない	11.6	12.5	14.8	15.2
ややそう思わない	3.7	4.4	4.3	7.0
あまりそう思わない	3.8	4.2	3.1	4.5
まったくそう思わない	1.3	1.7	1.6	2.5

アルバイトをしたい

区分	価値を感じて入学した人	やや価値を感じて入学した人	あまり価値を感じないで入学した人	価値を感じないで入学した人
非常にそう思う	47.5	44.2	43.7	44.3
わりとそう思う	26.3	27.7	26.5	23.0
ややそう思う	15.5	16.9	16.9	19.3
どちらとも言えない	5.9	6.1	7.0	7.2
ややそう思わない	1.7	1.5	2.6	2.3
あまりそう思わない	1.9	2.3	1.7	2.2
まったくそう思わない	1.2	1.4	1.6	1.7

これまでのデータ分析から推測できるのは、将来をイメージすることが「大学選び」をより「価値」に基づくものへとシフトさせる可能性が高いということではないでしょうか。そして、「価値」に基づく「大学選び」が実現すれば、大学入学後の学生のモチベーションも高まるのではないかということです。ただし、注意すべきは、必ずしも自分が就きたい「職種」や「業種」を早く決めれば良いのではないということです。その前に、実際の仕事内容や働き方、5年後10年後のキャリア選択などへの十分な理解も必要です。

　また、全体的に高校生などの受験生の将来に対する意識が高く、「将来を意識すること」「『価値』を感じて入学すること」「入学後の意欲」の3つの事柄には相乗効果を生み出す好ましい関係性があるとみられるものの、「入学後の意欲」については良いとばかりはいえない面もあります。データ51.が示しているように、「幅広くいろいろなことを学びたい」「専門的な知識や技術を身につけたい」「機会があれば『仕事』を経験してみたい」といった自分を高めたいという自己に向かう意欲が旺盛である一方、「ボランティアをしたい」などの社会に対する働きかけや「留学したい」「海外に行きたい」などの海外へ出て行こうという意欲は、「非常にそう思う」と答えた割合がそれぞれ14.2％、18.8％、26.7％と低くなっており、これは少し気になるところかもしれません。

データ 51. 入学後の意欲の分布

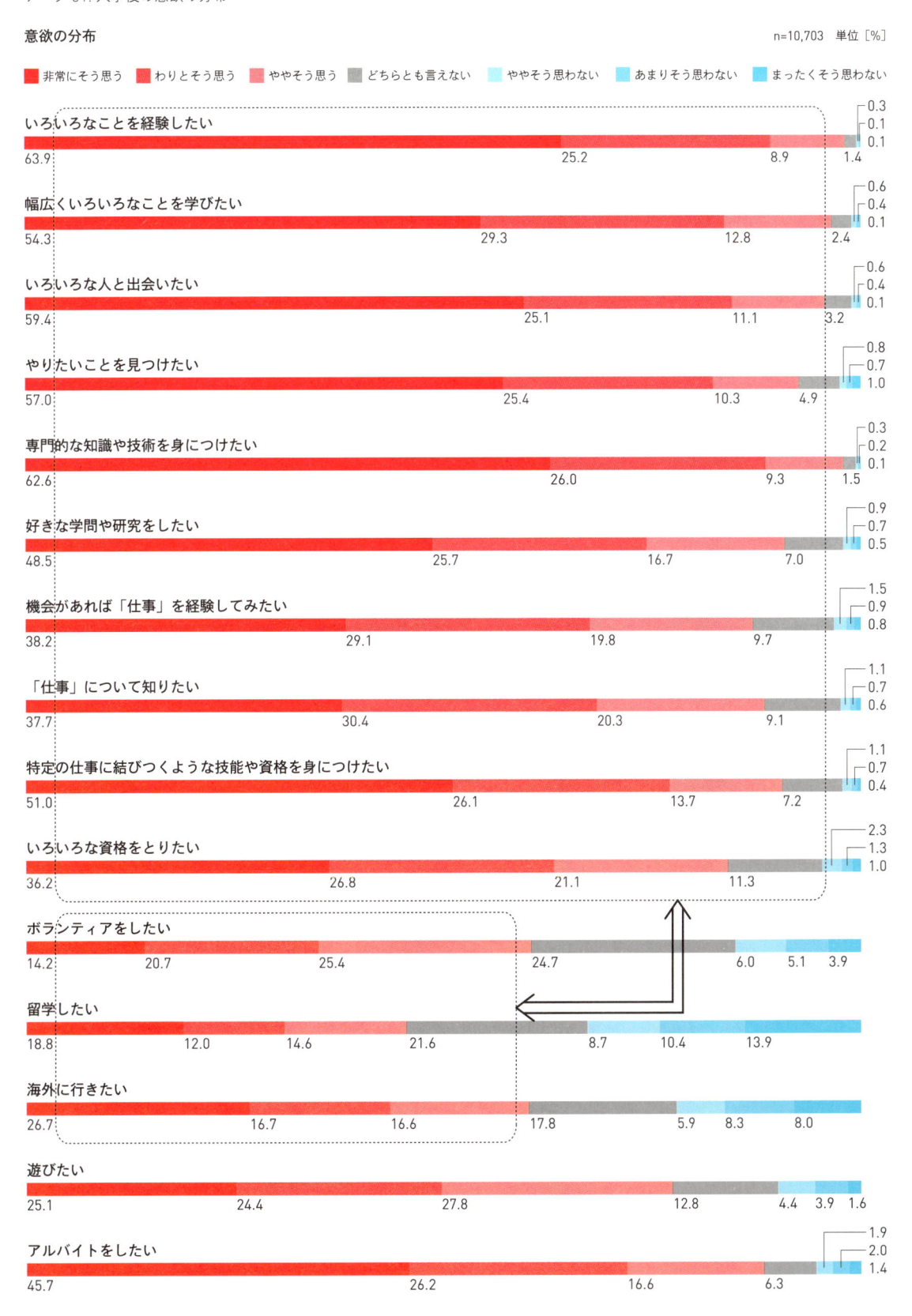

意欲の分布 n=10,703 単位[％]

■ 非常にそう思う　■ わりとそう思う　■ ややそう思う　■ どちらとも言えない　■ ややそう思わない　■ あまりそう思わない　■ まったくそう思わない

項目	非常にそう思う	わりとそう思う	ややそう思う	どちらとも言えない	ややそう思わない	あまりそう思わない	まったくそう思わない
いろいろなことを経験したい	63.9	25.2	8.9	1.4	0.1	0.1	0.3
幅広くいろいろなことを学びたい	54.3	29.3	12.8	2.4	0.1	0.4	0.6
いろいろな人と出会いたい	59.4	25.1	11.1	3.2	0.1	0.4	0.6
やりたいことを見つけたい	57.0	25.4	10.3	4.9	1.0	0.7	0.8
専門的な知識や技術を身につけたい	62.6	26.0	9.3	1.5	0.1	0.2	0.3
好きな学問や研究をしたい	48.5	25.7	16.7	7.0	0.5	0.7	0.9
機会があれば「仕事」を経験してみたい	38.2	29.1	19.8	9.7	0.8	0.9	1.5
「仕事」について知りたい	37.7	30.4	20.3	9.1	0.6	0.7	1.1
特定の仕事に結びつくような技能や資格を身につけたい	51.0	26.1	13.7	7.2	0.4	0.7	1.1
いろいろな資格をとりたい	36.2	26.8	21.1	11.3	1.0	1.3	2.3
ボランティアをしたい	14.2	20.7	25.4	24.7	6.0	5.1	3.9
留学したい	18.8	12.0	14.6	21.6	8.7	10.4	13.9
海外に行きたい	26.7	16.7	16.6	17.8	5.9	8.3	8.0
遊びたい	25.1	24.4	27.8	12.8	4.4	3.9	1.6
アルバイトをしたい	45.7	26.2	16.6	6.3	1.4	2.0	1.9

4-2-3.
より良い「大学選び」を実現するために

　「価値」に基づく「大学選び」の実現によって、高校生の「大学選び」、また大学と高校生の関係はどのように変わっていくのでしょうか。報告書の最後に、このことについて考えてみます。

　「価値」に基づく「大学選び」が実現すれば、大学にも高校生などの受験生にも、双方にとってより良い状況が生じると考えられます。

　各大学が自校の特徴や長所、独自性などを把握し、高校生などの受験生に向けてその方向性や役割を正しく発信すれば、必ずそれに応じて真の「価値」を感じて入学する学生が増えるはずです。そうした学生は、本章のデータでもみたように、入学後も活動意欲が高いので、学内の授業の質が向上したり、学生全体の雰囲気が良くなったりすると考えられ、中長期的に大学の「価値」がさらに向上するという好循環が生まれます。

　一方、学生にとっても相乗効果が期待できます。信頼できる情報によって、自分の価値観や仕事などの将来のイメージに合致した大学を的確に選ぶことができれば、授業はもとより学生生活全般への満足度が高まるでしょう。近年話題にのぼることが多い中途退学問題や学生の意欲の低下などの問題についても、解決の一助となるかもしれません。また、将来のキャリア選択でのミスマッチを防ぐことにつながる可能性もあります。

　このような「価値」に基づく「大学選び」を実現するためには、まず「高校生が大学の『価値』をどのように捉えているのか」を客観的に知ることが重要です。

参考データ④
将来の仕事をイメージしている人の割合

　データ52.では、将来の仕事をどれくらいイメージをどれくらいしているか（「将来の仕事について、どの程度決めているか」「『将来つきたい仕事』について、話を聞いたり、調べたりしているか」）について、調査対象者のこの春までの居住地別にランキング形式で示しました。都道府県によって「決めている」の割合に大きな差がみられることが確認できます。

　また、データ53.では、大学入学後の意欲がどれくらいあるかについて、この春までの居住地別にランキング形式で示しました。「専門的な知識や技術を身につけたい」「幅広くいろいろなことを学びたい」「いろいろなことを経験したい」「いろいろな人と出会いたい」などは居住地によって大きな差はありませんが、「遊びたい」「海外に行きたい」「アルバイトをしたい」「ボランティアをしたい」「留学したい」といった項目では、居住地によって大きな差がみられることが確認できます。

データ52. 将来の仕事をイメージしている人の割合 ＜この春までの居住地別＞

将来の仕事について、
どの程度決めていますか。
（「はっきり決めている」「ほとんど決めている」
「なんとなく決めている」の割合）

ランク	居住都道府県	割合（％）
1	山梨県	91.8
2	秋田県	91.1
3	沖縄県	88.1
4	青森県	86.3
5	宮城県	85.5
6	島根県	84.7
7	宮崎県	84.2
8	長崎県	83.9
9	徳島県	82.7
10	山形県	82.6
11	広島県	81.4
12	高知県	81.1
13	和歌山県	80.7
14	岩手県	80.6
15	香川県	80.3
16	福島県	80.0
17	鹿児島県	79.7
18	新潟県	79.6
19	長野県	78.9
20	群馬県	78.8
21	山口県	78.6
22	大分県	78.3
23	北海道	78.1
24	熊本県	77.5
25	栃木県	77.1
26	福岡県	77.0
27	石川県	76.6
28	鳥取県	76.4
29	静岡県	76.1
30	大阪府	75.9
31	神奈川県	75.8
32	岐阜県	75.8
33	岡山県	75.4
34	愛知県	75.4
35	愛媛県	75.2
36	千葉県	74.7
37	三重県	74.6
38	埼玉県	74.5
39	滋賀県	74.5
40	茨城県	74.2
41	兵庫県	73.7
42	佐賀県	73.6
43	東京都	73.2
44	富山県	72.9
45	京都府	72.8
46	奈良県	72.2
47	福井県	69.5

「将来つきたい仕事」について、
話を聞いたり、調べたりしていますか。
（「している」「ややしている」の割合）

ランク	居住都道府県	割合（％）
1	沖縄県	79.1
2	島根県	73.6
3	秋田県	72.2
4	栃木県	70.0
5	香川県	69.0
6	山形県	68.6
7	宮崎県	68.4
8	青森県	67.5
9	宮城県	66.9
10	熊本県	66.7
11	長崎県	65.6
12	広島県	65.5
13	長野県	65.3
14	和歌山県	65.1
15	群馬県	65.0
16	山梨県	64.4
17	高知県	64.2
18	鳥取県	63.6
19	山口県	62.5
20	北海道	61.5
21	茨城県	61.4
22	千葉県	60.3
23	大分県	60.2
24	愛媛県	60.2
25	徳島県	59.6
26	鹿児島県	59.5
27	神奈川県	59.3
28	岐阜県	58.9
29	静岡県	58.6
30	岡山県	58.5
31	福岡県	57.9
32	埼玉県	57.3
33	福島県	57.3
34	東京都	56.8
35	京都府	56.7
36	新潟県	56.5
37	三重県	56.0
38	愛知県	55.1
39	岩手県	54.8
40	滋賀県	54.6
41	兵庫県	54.4
42	富山県	54.2
43	大阪府	53.4
44	石川県	52.3
45	奈良県	51.1
46	佐賀県	47.2
47	福井県	40.7

※表中の割合は小数第一位までを表示しているため、表記上の割合が同じでも順位の異なるものがあります。

参考データ⑤
入学後の意欲の地域差

データ53. 入学後の意欲＜この春までの居住地別＞

	専門的な知識や技術を身につけたい （「非常にそう思う」「わりとそう思う」 「ややそう思う」の割合）			幅広くいろいろなことを学びたい （「非常にそう思う」「わりとそう思う」 「ややそう思う」の割合）			いろいろなことを経験したい （「非常にそう思う」「わりとそう思う」 「ややそう思う」の割合）	
ランク	居住都道府県	割合(%)	ランク	居住都道府県	割合(%)	ランク	居住都道府県	割合(%)
1	徳島県	100.0	1	岡山県	99.5	1	岩手県	100.0
1	鹿児島県	100.0	2	栃木県	99.4	1	佐賀県	100.0
3	岡山県	99.5	3	熊本県	99.2	1	熊本県	100.0
4	千葉県	99.3	4	京都府	98.7	4	愛媛県	99.2
5	愛媛県	99.2	5	福岡県	98.4	5	京都府	99.1
6	熊本県	99.2	6	福井県	98.3	6	石川県	99.1
7	長野県	99.0	7	岐阜県	98.3	6	広島県	99.1
8	長崎県	98.9	8	石川県	98.2	8	長野県	99.0
9	山形県	98.8	9	宮城県	98.2	9	千葉県	98.9
10	広島県	98.8	10	徳島県	98.1	9	福岡県	98.9
11	和歌山県	98.8	11	長野県	98.0	11	山形県	98.8
12	宮崎県	98.7	12	長崎県	97.8	12	栃木県	98.8
13	島根県	98.6	13	奈良県	97.7	13	青森県	98.8
14	北海道	98.5	13	愛媛県	97.7	14	鹿児島県	98.7
15	沖縄県	98.5	15	和歌山県	97.6	15	宮崎県	98.7
16	岩手県	98.4	16	広島県	97.3	16	沖縄県	98.5
16	新潟県	98.4	17	福島県	97.3	17	奈良県	98.5
18	福岡県	98.4	18	山梨県	97.3	18	福井県	98.3
19	福井県	98.3	19	島根県	97.2	19	愛知県	98.3
20	岐阜県	98.3	20	香川県	97.2	20	岐阜県	98.3
21	山口県	98.2	21	神奈川県	97.1	21	山口県	98.2
22	石川県	98.2	22	静岡県	97.0	22	鳥取県	98.2
23	宮城県	98.2	23	沖縄県	97.0	23	静岡県	98.1
24	東京都	98.2	24	富山県	96.9	24	徳島県	98.1
25	佐賀県	98.1	25	岩手県	96.8	25	大阪府	98.0
26	兵庫県	97.9	26	茨城県	96.6	26	富山県	97.9
27	静岡県	97.8	27	山形県	96.5	27	滋賀県	97.9
28	神奈川県	97.8	28	滋賀県	96.5	28	茨城県	97.9
29	京都府	97.8	29	高知県	96.2	29	長崎県	97.8
30	栃木県	97.6	29	佐賀県	96.2	30	神奈川県	97.8
31	青森県	97.5	31	鹿児島県	96.2	31	岡山県	97.8
31	群馬県	97.5	32	北海道	95.9	32	東京都	97.8
33	愛知県	97.5	33	千葉県	95.8	33	埼玉県	97.6
34	山梨県	97.3	34	群馬県	95.6	34	和歌山県	97.6
35	大阪府	97.3	35	愛知県	95.6	34	大分県	97.6
36	埼玉県	97.0	36	東京都	95.6	36	群馬県	97.5
37	茨城県	97.0	37	大阪府	95.6	37	秋田県	97.5
38	大分県	96.4	38	埼玉県	95.1	38	北海道	97.4
39	福島県	96.4	39	青森県	95.0	39	新潟県	97.3
39	鳥取県	96.4	40	秋田県	94.9	40	島根県	97.2
41	三重県	96.3	41	兵庫県	94.9	41	香川県	97.2
42	奈良県	96.2	42	宮崎県	94.7	42	兵庫県	97.2
43	高知県	96.2	43	山口県	94.6	43	宮城県	97.0
44	秋田県	96.2	44	鳥取県	94.5	44	三重県	96.3
45	富山県	95.8	45	新潟県	94.1	45	高知県	96.2
46	香川県	95.8	46	三重県	93.3	46	山梨県	95.9
47	滋賀県	95.0	47	大分県	92.8	47	福島県	95.5

※表中の割合は小数第一位までを表示しているため、表記上の割合が同じでも順位の異なるものがあります。

いろいろな人と出会いたい			やりたいことを見つけたい			遊びたい		
(「非常にそう思う」「わりとそう思う」「ややそう思う」の割合)			(「非常にそう思う」「わりとそう思う」「ややそう思う」の割合)			(「非常にそう思う」「わりとそう思う」「ややそう思う」の割合)		
ランク	居住都道府県	割合(%)	ランク	居住都道府県	割合(%)	ランク	居住都道府県	割合(%)
1	福井県	100.0	1	徳島県	100.0	1	沖縄県	86.6
1	鳥取県	100.0	2	岩手県	98.4	2	鹿児島県	84.8
3	山口県	99.1	3	山口県	97.3	3	宮崎県	84.2
4	長崎県	98.9	4	愛媛県	97.0	4	山梨県	83.6
5	山形県	98.8	5	佐賀県	96.2	5	和歌山県	83.1
6	福島県	98.2	6	岡山県	96.2	6	福井県	83.1
7	徳島県	98.1	7	栃木県	95.9	7	福岡県	82.2
8	愛媛県	97.7	8	熊本県	95.0	8	岡山県	82.0
9	栃木県	97.6	9	長野県	95.0	9	兵庫県	81.8
10	鹿児島県	97.5	10	鹿児島県	94.9	10	大阪府	80.9
11	宮崎県	97.4	11	福井県	94.9	11	広島県	80.8
12	島根県	97.2	12	石川県	94.6	12	愛媛県	80.5
13	滋賀県	97.2	13	山梨県	94.5	13	京都府	80.4
14	福岡県	97.0	14	新潟県	94.1	13	山口県	80.4
15	長野県	97.0	15	沖縄県	94.0	15	滋賀県	80.1
16	岩手県	96.8	16	千葉県	94.0	16	青森県	80.0
17	岐阜県	96.5	17	和歌山県	94.0	17	愛知県	79.5
18	京都府	96.4	18	京都府	93.8	18	高知県	79.2
19	石川県	96.4	19	秋田県	93.7	19	北海道	78.1
20	和歌山県	96.4	20	兵庫県	93.6	20	群馬県	78.1
20	大分県	96.4	21	長崎県	93.5	21	茨城県	78.1
22	秋田県	96.2	22	岐阜県	93.5	22	山形県	77.9
23	岡山県	96.2	23	奈良県	93.2	23	岐阜県	77.5
24	山梨県	95.9	24	茨城県	93.1	24	香川県	77.5
25	千葉県	95.8	25	大阪府	93.1	25	長野県	77.4
26	神奈川県	95.8	26	島根県	93.1	26	奈良県	76.7
27	香川県	95.8	27	山形県	93.0	27	神奈川県	76.7
28	大阪府	95.7	28	香川県	93.0	28	三重県	76.1
29	群馬県	95.6	29	広島県	92.8	29	東京都	75.9
30	北海道	95.6	30	福島県	92.7	30	宮城県	75.9
31	沖縄県	95.5	31	福岡県	92.6	30	大分県	75.9
32	広島県	95.5	32	北海道	92.6	32	栃木県	75.9
33	奈良県	95.5	33	三重県	92.5	33	埼玉県	75.8
34	兵庫県	95.2	34	静岡県	92.2	34	静岡県	75.3
35	東京都	95.2	35	滋賀県	92.2	34	長崎県	75.3
36	愛知県	95.0	36	富山県	91.7	36	秋田県	74.7
37	青森県	95.0	37	東京都	91.7	37	徳島県	73.1
38	茨城県	94.8	38	埼玉県	91.3	38	新潟県	72.0
39	富山県	94.8	39	青森県	91.3	39	富山県	71.9
40	静岡県	94.4	40	愛知県	91.2	40	千葉県	70.9
41	高知県	94.3	41	宮崎県	90.8	41	石川県	70.3
41	佐賀県	94.3	42	神奈川県	90.7	42	熊本県	70.0
43	新潟県	94.1	43	高知県	90.6	43	佐賀県	69.8
44	埼玉県	93.4	44	大分県	90.4	44	福島県	68.2
45	宮城県	93.4	45	宮城県	89.8	45	鳥取県	67.3
46	熊本県	92.5	46	群馬県	88.1	46	岩手県	62.9
47	三重県	91.8	47	鳥取県	85.5	47	島根県	61.1

※表中の割合は小数第一位までを表示しているため、表記上の割合が同じでも順位の異なるものがあります。

海外に行きたい
(「非常にそう思う」「わりとそう思う」「ややそう思う」の割合)

ランク	居住都道府県	割合（%）
1	沖縄県	74.6
2	佐賀県	69.8
3	東京都	66.6
4	大分県	65.1
5	神奈川県	65.0
6	大阪府	64.1
7	群馬県	63.8
8	福岡県	63.1
9	京都府	62.9
10	福井県	62.7
11	滋賀県	62.4
12	高知県	62.3
13	千葉県	62.1
14	福島県	60.9
15	熊本県	60.8
16	北海道	60.7
17	栃木県	60.6
18	兵庫県	60.4
19	岐阜県	60.2
20	鹿児島県	59.5
21	広島県	59.2
22	山梨県	58.9
23	埼玉県	58.5
24	茨城県	58.4
25	山口県	58.0
26	宮崎県	57.9
27	宮城県	57.8
28	長崎県	57.0
29	静岡県	56.7
30	和歌山県	56.6
31	岩手県	56.5
32	奈良県	56.4
33	愛知県	55.4
34	香川県	54.9
35	愛媛県	54.1
36	青森県	53.8
37	長野県	52.8
38	富山県	52.1
39	三重県	51.5
40	岡山県	51.4
41	秋田県	50.6
42	新潟県	50.5
43	鳥取県	47.3
44	島根県	47.2
45	徳島県	46.2
46	石川県	44.1
47	山形県	43.0

アルバイトをしたい
(「非常にそう思う」「わりとそう思う」「ややそう思う」の割合)

ランク	居住都道府県	割合（%）
1	和歌山県	92.8
2	埼玉県	91.8
3	愛知県	91.8
4	秋田県	91.1
5	沖縄県	91.0
6	大阪府	91.0
7	宮崎県	90.8
8	福岡県	90.7
9	佐賀県	90.6
10	愛媛県	90.2
11	京都府	90.2
12	青森県	90.0
13	神奈川県	89.7
14	広島県	89.5
15	滋賀県	89.4
16	東京都	89.3
17	長崎県	89.2
18	宮城県	89.2
19	新潟県	88.7
20	高知県	88.7
21	兵庫県	88.5
22	茨城県	88.4
23	岐阜県	88.3
24	石川県	88.3
25	福井県	88.1
26	群馬県	88.1
27	千葉県	88.0
28	大分県	88.0
29	長野県	87.9
30	北海道	87.8
31	山梨県	87.7
32	岡山県	86.9
33	奈良県	86.5
34	山形県	86.0
35	鳥取県	85.5
36	熊本県	85.0
37	鹿児島県	84.8
38	栃木県	83.5
39	富山県	83.3
39	島根県	83.3
41	香川県	83.1
42	山口県	83.0
43	静岡県	82.0
44	三重県	79.9
45	岩手県	77.4
46	福島県	75.5
47	徳島県	73.1

ボランティアをしたい
(「非常にそう思う」「わりとそう思う」「ややそう思う」の割合)

ランク	居住都道府県	割合（%）
1	宮崎県	78.9
2	沖縄県	73.1
3	熊本県	69.2
4	青森県	68.8
5	大分県	68.7
6	山梨県	68.5
7	秋田県	68.4
8	岡山県	68.3
9	岩手県	67.7
10	愛媛県	67.7
11	福岡県	66.7
12	宮城県	66.3
13	香川県	66.2
14	佐賀県	66.0
15	群馬県	63.8
16	新潟県	63.4
16	長崎県	63.4
18	山形県	61.6
19	埼玉県	61.5
20	兵庫県	61.5
21	茨城県	61.4
22	島根県	61.1
23	長野県	60.8
24	鹿児島県	60.8
25	高知県	60.4
26	広島県	60.4
27	神奈川県	60.2
28	山口県	59.8
29	東京都	59.7
30	栃木県	59.4
31	富山県	59.4
32	北海道	58.9
33	奈良県	58.6
34	大阪府	58.2
35	千葉県	57.9
36	滋賀県	57.4
37	岐阜県	56.3
38	福井県	55.9
39	愛知県	55.5
40	和歌山県	55.4
41	京都府	54.5
42	石川県	54.1
43	静岡県	53.2
44	福島県	51.8
45	鳥取県	50.9
46	三重県	50.7
47	徳島県	50.0

※表中の割合は小数第一位までを表示しているため、表記上の割合が同じでも順位の異なるものがあります。

留学したい
（「非常にそう思う」「わりとそう思う」「ややそう思う」の割合）

ランク	居住都道府県	割合（%）
1	沖縄県	55.2
2	佐賀県	54.7
3	東京都	53.4
4	福井県	52.5
5	熊本県	50.8
6	神奈川県	50.7
7	千葉県	50.1
8	大阪府	49.2
9	長崎県	47.3
10	京都府	46.4
11	北海道	46.3
12	埼玉県	45.8
13	兵庫県	45.4
14	宮崎県	44.7
15	宮城県	44.6
15	大分県	44.6
17	福島県	44.5
18	鹿児島県	44.3
19	広島県	43.8
20	茨城県	43.8
21	群馬県	43.8
22	福岡県	43.7
23	栃木県	43.5
24	高知県	43.4
25	和歌山県	43.4
26	山梨県	42.5
27	香川県	42.3
28	岩手県	41.9
29	滋賀県	41.8
30	愛知県	41.8
31	富山県	41.7
32	奈良県	41.4
33	山口県	41.1
34	島根県	40.3
35	岐阜県	40.3
36	長野県	39.2
37	三重県	38.8
38	静岡県	38.4
39	秋田県	38.0
40	岡山県	37.7
41	新潟県	37.1
42	愛媛県	36.8
43	鳥取県	36.4
44	青森県	33.8
45	徳島県	32.7
46	山形県	32.6
47	石川県	31.5

好きな学問や研究をしたい
（「非常にそう思う」「わりとそう思う」「ややそう思う」の割合）

ランク	居住都道府県	割合（%）
1	徳島県	100.0
2	沖縄県	97.0
3	富山県	95.8
4	宮崎県	94.7
5	鳥取県	94.5
6	東京都	93.3
7	山梨県	93.2
8	島根県	93.1
9	香川県	93.0
10	和歌山県	92.8
11	千葉県	92.5
12	青森県	92.5
13	佐賀県	92.5
14	京都府	92.4
15	鹿児島県	92.4
16	茨城県	91.8
17	神奈川県	91.7
18	兵庫県	91.7
19	大分県	91.6
20	埼玉県	91.3
21	静岡県	91.1
22	宮城県	91.0
23	北海道	90.7
24	山口県	90.2
25	岡山県	90.2
26	愛知県	90.1
27	滋賀県	90.1
28	岐阜県	90.0
29	長野県	89.9
30	大阪府	89.8
31	福岡県	89.6
32	山形県	89.5
33	愛媛県	89.5
34	熊本県	89.2
35	群馬県	88.8
36	奈良県	88.7
37	新潟県	88.7
38	栃木県	88.2
39	長崎県	88.2
40	福井県	88.1
41	広島県	87.4
42	秋田県	87.3
43	福島県	87.3
44	三重県	86.6
45	石川県	85.6
46	高知県	84.9
47	岩手県	83.9

いろいろな資格をとりたい
（「非常にそう思う」「わりとそう思う」「ややそう思う」の割合）

ランク	居住都道府県	割合（%）
1	沖縄県	92.5
2	秋田県	91.1
3	香川県	90.1
4	和歌山県	89.2
5	山梨県	87.7
6	島根県	87.5
7	鹿児島県	87.3
8	滋賀県	87.2
9	奈良県	87.2
10	岩手県	87.1
11	広島県	87.1
12	高知県	86.8
12	佐賀県	86.8
14	熊本県	86.7
15	山口県	86.6
16	徳島県	86.5
17	愛媛県	86.5
18	福島県	86.4
19	福岡県	85.5
20	鳥取県	85.5
21	長野県	85.4
22	富山県	85.4
23	岐阜県	85.3
24	京都府	85.3
25	北海道	85.2
26	青森県	85.0
27	長崎県	84.9
28	大阪府	84.9
29	山形県	84.9
30	愛知県	84.8
31	福井県	84.7
32	新潟県	84.4
33	宮城県	84.3
33	大分県	84.3
35	宮崎県	84.2
36	兵庫県	84.1
37	埼玉県	83.9
38	群馬県	83.8
39	栃木県	83.5
40	静岡県	83.3
41	千葉県	83.2
42	岡山県	83.1
43	石川県	82.9
44	茨城県	82.8
45	三重県	81.3
46	神奈川県	80.9
47	東京都	80.3

※表中の割合は小数第一位までを表示しているため、表記上の割合が同じでも順位の異なるものがあります。

「仕事」について知りたい
(「非常にそう思う」「わりとそう思う」「ややそう思う」の割合)

ランク	居住都道府県	割合(%)
1	和歌山県	96.4
2	高知県	94.3
3	山形県	94.2
4	沖縄県	94.0
5	宮崎県	93.4
6	福岡県	92.9
7	山口県	92.0
8	山梨県	91.8
9	大分県	91.6
10	鹿児島県	91.1
11	北海道	91.1
12	熊本県	90.8
13	群馬県	90.6
14	佐賀県	90.6
15	長野県	90.5
16	岩手県	90.3
17	島根県	90.3
18	香川県	90.1
19	京都府	89.7
20	兵庫県	89.6
21	愛媛県	89.5
22	栃木県	89.4
23	岡山県	89.1
24	茨城県	88.8
25	秋田県	88.6
26	大阪府	88.4
27	埼玉県	88.2
28	長崎県	88.2
29	神奈川県	88.1
30	三重県	88.1
31	千葉県	88.0
32	愛知県	87.8
33	広島県	87.7
34	宮城県	87.3
35	鳥取県	87.3
36	滋賀県	87.2
37	奈良県	87.2
38	東京都	87.1
39	静岡県	86.6
40	青森県	86.3
41	岐阜県	85.7
42	富山県	85.4
43	徳島県	84.6
44	新潟県	83.9
45	福島県	83.6
46	石川県	82.0
47	福井県	78.0

機会があれば「仕事」を経験してみたい
(「非常にそう思う」「わりとそう思う」「ややそう思う」の割合)

ランク	居住都道府県	割合(%)
1	山梨県	93.2
2	佐賀県	92.5
3	滋賀県	91.5
4	長野県	91.5
5	群馬県	91.3
6	愛媛県	91.0
7	宮崎県	90.8
8	和歌山県	90.4
9	栃木県	90.0
10	京都府	89.7
11	山形県	89.5
12	山口県	89.3
13	北海道	89.3
14	長崎県	89.2
15	熊本県	89.2
16	島根県	88.9
17	岩手県	88.7
18	高知県	88.7
19	秋田県	88.6
20	沖縄県	88.1
21	広島県	88.0
22	奈良県	88.0
23	大分県	88.0
24	埼玉県	87.8
25	神奈川県	87.3
26	愛知県	87.3
27	新潟県	87.1
28	岡山県	86.9
29	大阪府	86.9
30	宮城県	86.7
31	静岡県	86.6
32	千葉県	86.5
33	東京都	86.4
34	兵庫県	86.4
35	青森県	86.3
36	鹿児島県	86.1
37	茨城県	85.8
38	富山県	85.4
39	福岡県	84.7
40	香川県	84.5
41	三重県	83.6
42	福井県	83.1
43	徳島県	82.7
44	岐阜県	82.3
45	鳥取県	81.8
46	石川県	79.3
47	福島県	79.1

特定の仕事に結びつくような技能や資格を身につけたい
(「非常にそう思う」「わりとそう思う」「ややそう思う」の割合)

ランク	居住都道府県	割合(%)
1	和歌山県	96.4
2	島根県	95.8
3	長崎県	95.7
4	沖縄県	95.5
5	滋賀県	95.0
6	香川県	94.4
7	広島県	94.0
8	愛媛県	94.0
9	茨城県	93.6
10	宮崎県	93.4
11	京都府	92.9
12	熊本県	92.5
13	佐賀県	92.5
14	秋田県	92.4
15	石川県	91.9
16	山梨県	91.8
17	栃木県	91.8
18	兵庫県	91.7
19	富山県	91.7
19	静岡県	91.7
21	北海道	91.5
22	大阪府	91.3
23	福岡県	91.3
24	群馬県	91.3
25	山口県	91.1
26	愛知県	90.7
27	徳島県	90.4
28	宮城県	90.4
28	大分県	90.4
30	岡山県	90.2
31	埼玉県	90.1
32	神奈川県	89.9
33	鹿児島県	89.9
34	三重県	89.6
35	山形県	89.5
36	長野県	89.4
37	岐阜県	88.7
38	奈良県	88.7
39	岩手県	88.7
39	新潟県	88.7
41	東京都	88.7
42	高知県	88.7
43	千葉県	88.3
44	福島県	88.2
45	福井県	88.1
46	鳥取県	87.3
47	青森県	86.3

※表中の割合は小数第一位までを表示しているため、表記上の割合が同じでも順位の異なるものがあります。

高校生から見た大学の「価値」と大学選びのメカニズム
「第1回テレメール全国一斉進学調査」報告書

発行日	2014年3月1日　初版第1刷発行　（定価は表紙に表示してあります）
企　画	株式会社 応用社会心理学研究所（ASPECT）　http://www.aspect-net.co.jp

社会心理学の分野で培われた人間の態度や行動に関する実証的な研究業務を通じて、
教育領域、組織・マネジメント領域、消費者行動領域など、様々な課題の解決をサポートしています。
〒540-0031 大阪府大阪市中央区北浜東1-8 北浜東森田ビル5階　TEL（06）6941-2171

株式会社フロムページ　http://frompage.jp

東　京　〒100-0005 東京都千代田区丸の内3-4-1 新国際ビル9階　TEL（03）3214-7200
名古屋　〒460-0008 愛知県名古屋市中区栄2-2-17 名古屋情報センタービル2階　TEL（052）203-8211
大　阪　〒541-0048 大阪府大阪市中央区瓦町3-5-7 野村不動産御堂筋ビル5階　TEL（06）6231-5905

編集・制作	株式会社 応用社会心理学研究所
編集協力	株式会社フロムページ
発行者	中西健夫
発行所	株式会社ナカニシヤ出版

〒606-8161 京都市左京区一乗寺木ノ本町15番地
TEL：075-723-0111　FAX：075-723-0095
URL：http://www.nakanishiya.co.jp/
E-mail：iihon-ippai@nakanishiya.co.jp
郵便振替　01030-0-13128

デザイン	近藤 聡（明後日デザイン制作所）
印刷・製本	菱三印刷株式会社

ISBN 978-4-7795-0865-3

本書の無断転載を禁ず　© 2014 Aspect Co., Ltd.　Printed in Japan

本書の無断複写・複製（コピー等）は、著作権法上の例外を除いて禁じられています。
発行者にことわりなく本書を電子データ化および電子書籍化することは、私的使用を含めて一切認められていません。

乱丁本・落丁本はお取替えいたします。